AF388263

FSC
www.fsc.org
MIX
Papier aus ver-
antwortungsvollen
Quellen
Paper from
responsible sources
FSC® C105338

Seneca

Epistulae morales ad Lucilium

Liber IV
Epistulae XXX-XLI

Latein/Deutsch

Michael Weischede

Herstellung und Verlag

BoD - Books on Demand, Norderstedt

ISBN 9783752624229

Bibliografische Information der Deutschen Nationalbibliothek

Die Deutsche Nationalbibliothek verzeichnet diese Publikation in der
Deutschen Nationalbibliografie; detaillierte bibliografische Daten sind im
Internet über http://dnb.dnb.de abrufbar.

Vorwort

Senecas Briefe an seinen Freund Lucilius gehören zu den wenigen Texten der lateinischen Literatur, die auch nach dem Zusammenbruch des Römischen Reiches nicht in Vergessenheit gerieten. Während die meisten Publikationen der Antike erst in der Renaissance „wiedergeboren" wurden, fanden die Epistulae morales ad Lucilium bis in unsere Zeit hinein durchgängig eine interessierte Leserschaft. Aus diesem Grund herrscht auch heute kein Mangel an Übersetzungen der Briefe. Es erschien mir deshalb wenig sinnvoll, eine weitere hinzuzufügen, ohne einen gesonderten Schwerpunkt zu setzen. Ich habe mich deshalb ganz bewusst für ein möglichst text- und wortgetreues Vorgehen entschieden und mich dabei, soweit es ging, an die Wortvorschläge der gängigen Lexika gehalten (Georges, PONS, Stowasser, Langenscheidt usw.). Vor allem Schülern sollte es auf diese Weise leichter fallen, die Übersetzung aus dem Lateinischen nachzuvollziehen und bei Bedarf mit ihren eigenen Bemühungen zu vergleichen.

Der lateinische Textteil stammt aus verschiedenen Internetquellen, wobei das Augenmerk auf der Gemeinfreiheit lag. Er ist also nicht editiert, und ich habe mir zudem erlaubt, ihn hier und da an meine stilistischen Vorlieben anzupassen. Für ein ernsthaftes wissenschaftliches Arbeiten ist er dementsprechend nicht geeignet. Er soll nur aufzeigen, auf welcher Grundlage die Übersetzung erfolgte.

Soweit mir meine Motivation für dieses Projekt nicht abhanden kommt, werde ich nach und nach alle 20 Bücher mit den Briefen an Lucilius übersetzen und veröffentlichen. Bei meiner eher gemächlichen Arbeitsweise kann das allerdings einige Zeit dauern ...

Dortmund im Oktober 2020

Liber IV – Epistula XXX

Seneca Lucilio suo Salutem,

(1) Bassum Aufidium, virum optimum, vidi quassum, aetati obluctantem. Sed iam plus illum degravat quam quod possit attolli; magno senectus et universo pondere incubuit. Scis illum semper infirmi corporis et exsucti fuisse; diu illud continuit et, ut verius dicam, concinnavit: subito defecit.

(2) Quemadmodum in nave quae sentinam trahit uni rimae aut alteri obsistitur, ubi plurimis locis laxari coepit et cedere, succurri non potest navigio dehiscenti, ita in senili corpore aliquatenus imbecillitas sustineri et fulciri potest. Ubi tamquam in putri aedificio omnis iunctura diducitur, et dum alia excipitur, alia discinditur, circumspiciendum est quomodo exeas.

(3) Bassus tamen noster alacer animo est: hoc philosophia praestat, in conspectu mortis hilarem <esse> et in quocumque corporis habitu fortem laetumque nec deficientem quamvis deficiatur. Magnus gubernator et scisso navigat velo et, si exarmavit, tamen reliquias navigii aptat ad cursum. Hoc facit Bassus noster et eo animo vultuque finem suum spectat quo alienum spectare nimis securi putares.

Buch 4 – Brief 30

Seneca grüßt seinen Lucilius,

(1) Ich habe einen sehr tugendhaften Mann gesehen, Bassus Aufidius, als er zerrüttet gegen das Alter ankämpfte. Doch es hat ihn schon allzu lange niedergedrückt, als dass er hätte aufgerichtet werden können; mit seinem beträchtlichen und ganzen Gewicht hat sich das Alter auf ihn gelegt. Du weißt, dass er immer einen kraftlosen und ausgemergelten Körper besaß; lange hat er sich beherrscht und, um es wahrheitsgemäßer zu sagen, sich zurecht gemacht; mit einem Mal verlor er die Kräfte.

(2) So wie bei einem Schiff, das Leckwasser aufnimmt, sich dem einen oder anderen Riss entgegengestellt wird, sobald es [aber] begonnen hat, sich an vielen Stellen zu lösen und zu lockern, dem auseinander berstenden Schiff nicht geholfen werden kann, so kann in einem greisenhaften Körper die Schwäche auch nur ein wenig aufgehalten und gestützt werden. Sobald in einem morschen Gebäude jede Verbindung gleichsam getrennt wird, und, indem die eine gestützt, eine andere auseinandergerissen wird, sollte man überlegen, wie man hinausgelangen kann.

(3) Trotzdem besitzt unser Bassus einen lebhaften Geist: dieses gewährt die Philosophie, im Anblick des Todes heiter zu sein und in welcher körperlichen Verfassung auch immer tapfer und froh, und nicht die Kraft zu verlieren, so sehr die Kraft auch dahinschwinden mag. Ein großer Steuermann fährt auch mit zerrissenem Segel und, selbst wenn er abgetakelt hat, passt er die Überreste des Schiffes an den Kurs an. Dieses leistet unser Bassus und er betrachtet sein Ende mit einem solchen Bewusstsein und Gesichtsausdruck, mit dem einen Fremden zu betrachten für allzu sorglos gehalten würde.

(4) Magna res est, Lucili, haec et diu discenda, cum adventat hora illa inevitabilis, aequo animo abire. Alia genera mortis spei mixta sunt: desinit morbus, incendium exstinguitur, ruina quos videbatur oppressura deposuit; mare quos hauserat eadem vi qua sorbebat eiecit incolumes; gladium miles ab ipsa perituri cervice re vocavit: nil habet quod speret quem senectus ducit ad mortem; huic uni intercedi non potest. Nullo genere homines mollius moriuntur sed nec diutius.

(5) Bassus noster videbatur mihi prosequi se et componere et vivere tamquam superstes sibi et sapienter ferre desiderium sui. Nam de morte multa loquitur et id agit sedulo ut nobis persuadeat, si quid incommodi aut metus in hoc negotio est, morientis vitium esse, non mortis; non magis in ipsa quicquam esse molestiae quam post ipsam.

(6) Tam demens autem est qui timet quod non est passurus quam qui timet quod non est sensurus. An quis quam hoc futurum credit, ut per quam nihil sentiatur, ea sentiatur? 'Ergo', inquit, 'mors adeo extra omne malum est ut sit extra omnem malorum metum.'

(4) Dies ist eine bedeutende Sache, Lucilius, und muss einige Zeit lang erlernt werden: mit gelassenem Herzen zu scheiden, wenn jene unvermeidliche Stunde näherrückt. Andere Todesarten sind mit Hoffnung verbunden: eine Krankheit geht zu Ende, ein Brand wird gelöscht, ein Einsturz hat diejenigen sicher abgelegt, denen das Verschütten drohte; das Meer hat diejenigen, die es verzehrt hatte, mit derselben Stärke, wie es sie verschlang, wohlbehalten an Land geworfen; ein Soldat hat das Schwert unmittelbar vom Nacken des Todgeweihten zurückgezogen: nichts, was Hoffnung machen könnte, besitzt derjenige, den das Greisenalter zum Tode führt; diesem allein kann sich nicht widersetzt werden. Auf keine Weise sterben die Menschen sanfter, aber auch auf keine länger.

(5) Unser Bassus schien mir sich [selbst] Geleit zu geben und zur Ruhe zu betten, [und] zu leben, als ob man über sich stehen könnte, und weise das Verlangen seiner selbst auszuhalten. Tatsächlich spricht er viel über den Tod und er tut dies nach Kräften, um uns zu überzeugen, dass, falls es etwas an Unglück oder Angst in dieser Sache gibt, es ein Fehler des Sterbenden ist, nicht des Todes; dass ebenso wenig irgendetwas an ihm selbst beschwerlich ist, wie auch danach.

(6) So sehr verblendet ist aber derjenige, der sich fürchtet, was er nicht erdulden wird, der fürchtet, was er nicht empfinden wird. Oder glaubt irgendeiner, dass es so sein wird, dass derjenige [der Tod], infolge dessen nichts [mehr] gespürt wird, gespürt werden kann? „Folglich", sagt er, „existiert der Tod so weit außerhalb jeden Leids, dass er sich außerhalb jeder Furcht vor den Leiden befindet."

(7) Haec ego scio et saepe dicta et saepe dicenda, sed neque cum legerem aeque mihi profuerunt neque cum audirem iis dicentibus qui negabant timenda a quorum metu aberant: hic vero plurimum apud me auctoritatis habuit, cum loqueretur de morte vicina.

(8) Dicam enim quid sentiam: puto fortiorem esse eum qui in ipsa morte est quam qui circa mortem. Mors enim admota etiam imperitis animum dedit non vitandi inevitabilia; si gladiator tota pugna timidissimus iugulum adversario praestat et errantem gladium sibi attemperat. At illa quae in propinquo est utique ventura desiderat lentam animi firmitatem, quae est rarior nec potest nisi a sapiente praestari.

(9) Libentissime itaque illum audiebam quasi ferentem de morte: sententiam et qualis esset eius natura velut propius inspectae indicantem. Plus, ut puto, fidei haberet apud te, plus ponderis, si quis revixisset et in morte nihil mali esse narraret expertus: accessus mortis quam perturbationem afferat optime tibi hi dicent qui secundum illam steterunt, qui venientem et viderunt et receperunt.

(7) Ich weiß, dieses wurde oft gesagt und es muss [auch] oft gesagt werden, aber weder nachdem ich es gelesen habe, hat es mir recht genützt, noch nachdem ich es von denjenigen, die darüber sprachen, gehört habe, die bestritten, dass man fürchten muss, von dessen drohender Gefahr sie [selbst] weit entfernt waren: der Besprochene jedoch besaß bei mir die höchste Glaubwürdigkeit, weil er über den nahen Tod sprach.

(8) Jedenfalls werde ich sagen, was ich empfinde: ich glaube, dass derjenige kühner ist, der dem Tod unmittelbar gegenübersteht, als derjenige, der dem Tod nahe ist. Denn der [unmittelbar] herangerückte Tod gibt auch Unvorbereiteten den Mut, Unvermeidliches nicht zu meiden; gleich als wenn ein im ganzen Kampf äußerst ängstlicher Gladiator dem Gegner die Kehle gewährt und das fehlgehende Schwert auf sich richtet. Hingegen jener, der [in dem Sinne] nahe ist, weil er so oder so eintreten wird, verlangt nach einer lang ausdauernden Stärke des Geistes, die ziemlich selten ist, und die nur von einem Weisen an den Tag gelegt werden kann.

(9) Daher habe ich denjenigen am bereitwilligsten angehört, der gewissermaßen die Anschauung über den Tod in sich trug und gleichsam aus naher Anschauung erklärte, von welcher Art er wäre. Wie ich es einschätze, hätte es mehr Glaubwürdigkeit bei dir, mehr Gewicht, wenn irgendeiner wiederbelebt worden wäre und aus Erfahrung berichten würde, dass es im Tod nichts Schlechtes gibt: welche Unruhe das Herannahen des Todes mit sich bringt, werden dir am besten diejenigen erzählen, die sich nahe bei ihm aufhielten, die den anrückenden [Tod] sowohl gesehen als auch angenommen haben.

(10) Inter hos Bassum licet numeres, qui nos decipi noluit. Is ait tam stultum esse qui mortem timeat quam qui senectutem; nam quemadmodum senectus adulescentiam sequitur, ita mors senectutem. Vivere noluit qui mori non vult; vita enim cum exceptione mortis data est; ad hanc itur. Quam ideo timere dementis est quia certa exspectantur, dubia metuuntur.

(11) Mors necessitatem habet aequam et invictam: quis queri potest in ea condicione se esse in qua nemo non est? Prima autem pars est aequitatis aequalitas. Sed nunc supervacuum est naturae causam agere, quae non aliam voluit legem nostram esse quam suam: quidquid composuit resolvit, et quidquid resolvit componit iterum.

(12) Iam vero si cui contigit ut illum senectus leviter emitteret, non repente avulsum vitae sed minutatim subductum, o ne ille agere gratias diis omnibus debet quod satiatus ad requiem homini necessariam, lasso gratam perductus est. Vides quosdam optantes mortem, et quidem magis quam rogari solet vita. Nescio utros existimem maiorem nobis animum dare, qui deposcunt mortem an qui hilares eam quietique opperiuntur, quoniam illud ex rabie interdum ac repentina indignatione fit, haec ex iudicio certo tranquillitas est. Venit aliquis ad mortem iratus: mortem venientem nemo hilaris excepit nisi qui se ad illam diu composuerat.

(10) Zu diesen darfst du auch Bassus zählen, der nicht wollte, dass wir irregeleitet werden. Er sagte, dass derjenige, der den Tod fürchtet, ebenso töricht sei, wie derjenige, der das Greisenalter fürchtet; denn wie das Greisenalter auf die Jugendzeit folgt, so der Tod auf das Greisenalter. Es hat nicht leben wollen, der nicht sterben will; das Leben wurde nämlich unter der Bedingung des Todes verliehen; bis zu diesem geht man. Diesen deshalb zu fürchten, ist typisch für Unvernünftige, weil feststehende Dinge erwartet, ungewisse gefürchtet werden.

(11) Der Tod besitzt eine gleichgültige und unerschütterliche Notwendigkeit: wer vermag es zu beklagen, dass er sich in einer Lage befindet, in der jedermann lebt? Der bedeutendste Teil der Gerechtigkeit ist nämlich die Gleichheit. Nun ist es aber überflüssig, die Angelegenheit der Natur zu betreiben, die bestimmt hat, dass unser Gesetz kein anderes ist als das ihre: alles, was sie erschaffen hat, vernichtet sie, und alles, was sie vernichtet hat, erschafft sie wieder und wieder.

(12) Wenn nun aber irgendjemandem zuteil wurde, dass ihn das Greisenalter sanft entließ, nicht plötzlich dem Leben entrissen, sondern nach und nach entzogen, ach, jener muss wahrhaftig allen Göttern danken, dass er erfüllt zur Ruhe geführt wurde, die dem Menschen notwendig, dem Müden willkommen [ist]. Manche siehst du, die wünschen sich den Tod, und zwar in einem höheren Grade, als man gewohnt ist, um das Leben zu bitten. Ich weiß nicht, von welchen ich denken soll, dass sie uns mehr Mut machen, die den Tod ausdrücklich verlangen oder die ihn heiter und mit Seelenruhe erwarten, da doch das eine aus Raserei und plötzlicher Entrüstung geschieht, das andere eine Gemütsruhe aufgrund eines sicheren Urteils ist. Mancher ist zornig zu Tode gekommen: heiter aufgenommen hat den eintreffenden Tod nur derjenige, der sich schon vor langer Zeit auf ihn gefasst gemacht hatte.

(13) Fateor ergo ad hominem mihi carum ex pluribus me causis frequentius venisse, ut scirem an illum totiens eundem invenirem, numquid cum corporis viribus minueretur animi vigor; qui sic crescebat illi quomodo manifestior notari solet agitatorum laetitia cum septimo spatio palmae appropinquat.

(14) Dicebat quidem ille Epicuri praeceptis obsequens, primum sperare se nullum dolorem esse in illo extremo anhelitu; si tamen esset, habere aliquantum in ipsa brevitate solacii; nullum enim dolorem longum esse qui magnus est. Ceterum succursurum sibi etiam in ipsa distractione animae corporis que, si cum cruciatu id fieret, post illum dolorem se dolere non posse. Non dubitare autem se quin senilis anima in primis labris esset nec magna vi distraheretur a corpore. 'Ignis qui alentem materiam occupavit aqua et interdum ruina exstinguendus est: ille qui alimentis deficitur sua sponte subsidit.'

(15) Libenter haec, mi Lucili, audio non tamquam nova, sed tamquam in rem praesentem perductus. Quid ergo? Non multos spectavi abrumpentes vitam? Ego vero vidi, sed plus momenti apud me habent qui ad mortem veniunt sine odio vitae et admittunt illam, non attrahunt.

(13) Ich gestehe deshalb ein, dass ich mich aus verschiedenen Gründen recht häufig diesem von mir geschätzten Menschen genähert habe, um zu erfahren, ob ich jenen so oft als denselben vorfinden würde, ob nun die Kraft des Geistes zugleich mit den Kräften des Körpers gemindert würde; erstere ist bei ihm auf eine Weise angewachsen, wie sich der Jubel der Wagenlenker deutlicher bemerkbar zu machen pflegt, wenn er sich in der siebten Runde dem Siegespreis nähert.

(14) Jedenfalls sagte jener den Lehren Epikurs folgend, dass er zunächst hoffe, dass in jenem letzten Atemzug kein Schmerz wohnt; gebe es ihn dennoch, enthielte er allein wegen der kurzen Dauer recht viel Trost; kein Schmerz, der heftig ist, sei nämlich langandauernd. Im Übrigen werde ihm gerade durch die Trennung von Seele und Körper, falls es unter Folter geschehe, nochmals in den Sinn kommen, dass er nach jenem Schmerz zu einer schmerzlichen Empfindung nicht [mehr] imstande sei. Er hege jedoch keinen Zweifel, dass sich der greisenhafte Lebenshauch auf dem vordersten Lippenrand befinde und sich ohne großen Kraftaufwand vom Körper trennen werde. „Das Feuer, das sich des nährenden Brennstoffs bemächtigt hat, muss mit Wasser und zuweilen durch Trümmer gelöscht werden, jenes, welchem die Nahrung ausgeht, legt sich von selbst.“

(15) Ich höre dies gern, mein Lucilius, nicht wie Neuigkeiten, sondern als ob man an eine offenkundige Sache herangeführt wurde. Was nun also? Sah ich nicht viele, die ihr Leben gewaltsam abgebrochen haben? Ich habe sie wahrhaftig erblickt, aber mehr Geltung besitzen bei mir diejenigen, die ohne Hass auf das Leben zu Tode kommen und ihn einlassen, nicht heranschleppen.

(16) Illud quidem aiebat tormentum nostra nos sentire opera, quod tunc trepidamus cum prope a nobis esse credimus mortem: a quo enim non prope est, parata omnibus locis omnibusque momentis? 'Sed consideremus', inquit, 'tunc cum aliqua causa moriendi videtur accedere, quanto aliae propiores sint quae non timentur.' Hostis alicui mortem minabatur, hanc cruditas occupavit.

(17) Si distinguere voluerimus causas metus nostri, inveniemus alias esse, alias videri. Non mortem timemus sed cogitationem mortis; ab ipsa enim semper tantundem absumus. Ita si timenda mors est, semper timenda est: quod enim morti tempus exemptum est?

(18) Sed vereri debeo ne tam longas epistulas peius quam mortem oderis. Itaque finem faciam: tu tamen mortem ut numquam timeas semper cogita. Vale.

———

(16) Diese Qual, sagte er, empfänden wir gerade durch unser Zutun, weil wir [eben] dann in Aufregung sind, wenn wir glauben, dass uns der Tod nahe steht: wem nämlich steht er nicht nahe, der sich an allen Orten und in jedem Augenblick bereithält? „Aber wir sollten bedenken", fuhr er fort, „zu dem Zeitpunkt, wenn irgendeine Todesursache sich zu nähern scheint, um wie viel näher andere sein könnten, die man nicht fürchtet." Ein Feind drohte jemanden den Tod an – zuvorgekommen ist ihm ein verdorbener Magen.

(17) Wenn wir die Gründe unserer Angst genau zu bestimmen wünschen, werden wir herausfinden, dass sie das eine Mal wirklich, das andere Mal eingebildet sind. Wir fürchten nicht den Tod, sondern den Gedanken an den Tod; von ihm selbst sind wir nämlich immer gleich weit entfernt. Demnach, falls der Tod zu fürchten ist, muss man ihn immerwährend fürchten: denn welcher Zeitpunkt ist vom Tod entbunden?

(18) Aber ich muss befürchten, dass du so lange Briefe heftiger als den Tod hasst. Daher werde ich ein Ende machen: du freilich habe den Tod stets im Sinn, um ihn niemals zu fürchten. Lebe wohl.

———————— ❧ ————————

Liber IV – Epistula XXXI

Seneca Lucilio suo Salutem,

(1) Agnosco Lucilium meum: incipit quem promiserat exhibere. Sequere illum impetum animi quo ad optima quaeque calcatis popularibus bonis ibas: non desidero maiorem melioremque te fieri quam moliebaris. Fundamenta tua multum loci occupaverunt: tantum effice quantum conatus es, et illa quae tecum in animo tulisti tracta.

(2) Ad summam sapiens eris, si cluseris aures, quibus ceram parum est obdere: firmiore spissamento opus est quam in sociis usum Ulixem ferunt. Illa vox quae timebatur erat blanda, non tamen publica: at haec quae timenda est non ex uno scopulo sed ex omni terrarum parte circumsonat. Praetervehere itaque non unum locum insidiosa voluptate suspectum, sed omnes urbes. Surdum te amantissimis tuis praesta: bono animo mala precantur. Et si esse vis felix, deos ora ne quid tibi ex his quae optantur eveniat.

(3) Non sunt ista bona quae in te isti volunt congeri: unum bonum est, quod beatae vitae causa et firmamentum est, sibi fidere. Hoc autem contingere non potest, nisi contemptus est labor et in eorum numero habitus quae neque bona sunt neque mala; fieri enim non potest ut una ulla res modo mala sit, modo bona, modo levis et perferenda, modo expavescenda.

Buch 4 – Brief 31

Seneca grüßt seinen Lucilius,

(1) Ich erkenne meinen Lucilius wieder: er fängt an, sich als der zu erweisen, den er verheißen hatte. Folge jenem Drang des Geistes, durch den du zum Allerbesten vorangeschritten bist, nachdem du die Tugenden des Volkes mit Füßen getreten hast: ich verlange nicht, dass du etwas bedeutender oder besser machst, als du erstrebt hast. Deine Grundlagen haben viel an Zeit in Anspruch genommen: bringe so viel zu Ende, wie du Antrieb hast, und gebrauche jenes, das du bei dir im Geiste bedacht hast.

(2) Kurz: du wirst weise sein, wenn du die Ohren verschließt – diese mit Wachs zu verstopfen ist nicht genug: ein zuverlässigerer Pfropfen ist nötig, als der, über den man berichtet, dass Odysseus ihn bei den Gefährten verwendet hat. Jene Stimme, die gefürchtet wurde, war einschmeichelnd, gleichwohl nicht alltäglich: und das, was wir fürchten müssen, schallt nicht ringsum von einer Felsenklippe, sondern aus jeder Richtung der Erde. Segel daher nicht an einem einzigen der heimtückischen Sinneslust verdächtigten Ort vorbei, sondern an allen Städten. Zeige dich taub gegenüber deinen dich Liebenden: in guter Absicht erflehen sie das Schlechte. Und, wenn du wirklich glücklich sein willst, bete zu den Göttern, dass dir nicht etwas von den [Dingen] widerfahre, die gewünscht worden sind.

(3) Das sind nicht die guten Dinge, mit denen dich diese da überhäufen wollen: eine einzige Tugend gibt es, die Ursache und Fundament eines glücklichen Lebens ist: auf sich selbst zu vertrauen. Dies aber zu erreichen, ist nur möglich, wenn eine Arbeit gleichgültig hingenommen und zu den Dingen gerechnet wird, die weder gut noch schlecht sind; es ist nämlich unmöglich, dass irgendeine einzelne Sache bald gut, bald schlecht ist, bald leicht und erträglich, bald erschreckenswert.

(4) Labor bonum non est: quid ergo est bonum? Laboris contemptio. Itaque in vanum operosos culpaverim: rursus ad honesta nitentes, quanto magis incubuerint minusque sibi vinci ac strigare permiserint, admirabor et clamabo: 'Tanto melior, surge et inspira et clivum istum uno si potes spiritu exsupera'. Generosos animos labor nutrit.

(5) Non est ergo quod ex illo <voto> vetere parentum tuorum eligas quid contingere tibi velis, quid optes; et in totum iam per maxima acto viro turpe est etiam nunc deos fatigare. Quid votis opus est? Fac te ipse felicem; facies autem, si intellexeris bona esse quibus admixta virtus est, turpia quibus malitia coniuncta est. Quemadmodum sine mixtura lucis nihil splendidum est, nihil atrum nisi quod tenebras habet aut aliquid in se traxit obscuri, quemadmodum sine adiutorio ignis nihil calidum est, nihil sine aere frigidum, ita honesta et turpia virtutis ac malitiae societas efficit.

(6) Quid ergo est bonum ? Rerum scientia. Quid malum est? Rerum imperitia. Ille prudens atque artifex pro tempore quaeque repellet aut eliget; sed nec quae repellit timet nec miratur quae eligit, si modo magnus illi et invictus animus est. Summitti te ac deprimi veto. Laborem si non recuses, parum est: posce.

(4) Arbeit ist keine Tugend: Was also ist eine Tugend? Die Geringschätzung der Arbeit! Daher würde ich den fruchtlos Tätigen missbilligen: diejenigen dagegen, die zur Sittlichkeit emporstreben, werde ich bewundern, sofern sie sich stärker anstrengen und es weniger geschehen lassen, übertroffen zu werden und [daraufhin] innezuhalten, und dabei laut verkünden: „Gut gemacht! Steh auf, inspiriere dich und, wenn es möglich ist, bewältige die Steigung mit einem Atemzug." Arbeit nährt die edlen Geister.

(5) Es besteht also kein Grund, dass du aus einem früheren Wunsch deiner Eltern herausliest, was du für dich erreichen willst, was du dir erhoffst; und für einen Mann, obgleich er schon Bedeutendes in Bewegung gesetzt hat, ist es ganz und gar peinlich, die Götter noch immer unablässig zu bestürmen. Was braucht es Gebete? Mache dich selbst glücklich; das wirst du nämlich tun, wenn du erkennst, dass diejenigen rechtschaffen sind, denen die Tugendhaftigkeit mitgegeben ist, diejenigen schändlich, denen die Arglist vertraut ist. So wie ohne die Beimengung des Lichts nichts strahlend ist, [und] nichts finster, außer was Dunkelheit mit sich bringt oder irgendetwas an Dunklem aufgenommen hat, so wie es ohne Hilfe des Feuers nichts Heißes, ohne die Luft nichts Kaltes gibt, so bringt die Verbindung der Tugend und der Arglist das sittlich Gute und Schlechte hervor.

(6) Was also ist gut? Das Wissen um die Dinge. Was ist schlecht? Die Unwissenheit über die Dinge. Jener, klug und geschickt, wird ein jedes entsprechend der Situation abweisen oder auswählen; aber er fürchtet weder, was er abweist, noch bewundert er, was er auswählt, wenn er nur einen bedeutenden und unerschütterlichen Charakter besitzt. Ich lasse es nicht zu, dass du unterworfen und erniedrigt wirst. Falls du eine Arbeit nicht ablehnst, ist das nicht genug: fordere sie ein.

(7) 'Quid ergo?', inquis, 'labor frivolus et supervacuus et quem humiles causae evocaverunt non est malus?' Non magis quam ille qui pulchris rebus impenditur, quoniam animi est ipsa tolerantia quae se ad dura et aspera hortatur ac dicit: 'Quid cessas? Non est viri timere sudorem'.

(8) Huc et illud accedat, ut perfecta virtus sit, aequalitas ac tenor vitae per omnia consonans sibi, quod non potest esse nisi rerum scientia contingit et ars per quam humana ac divina noscantur. Hoc est summum bonum; quod si occupas, incipis deorum socius esse, non supplex.

(9) 'Quomodo', inquis, 'isto pervenitur?' Non per Poeninum Graiumve montem nec per deserta Candaviae; nec Syrtes tibi nec Scylla aut Charybdis adeundae sunt, quae tamen omnia transisti procuratiunculae pretio: tutum iter est, iucundum est, ad quod natura te instruxit. Dedit tibi illa quae si non deserueris, par deo surges.

(10) Parem autem te deo pecunia non faciet: deus nihil habet. Praetexta non faciet: deus nudus est. Fama non faciet nec ostentatio tui et in populos nominis dimissa notitia: nemo novit deum, multi de illo male existimant, et impune. Non turba servorum lecticam tuam per itinera urbana ac peregrina portantium: deus ille maximus potentissimusque ipse vehit omnia. Ne forma quidem et vires beatum te facere possunt: nihil horum patitur vetustatem.

(7) „Was jetzt?", fragst du. „Ist eine armselige und nutzlose und durch niedere Beweggründe hervorgerufene Arbeit nicht verderblich?" Nicht mehr als jene, die für die schönen Dinge aufgewendet wird, weil ja gerade das Durchhaltevermögen eine Eigenschaft des Willens ist, das sich zu beschwerlichen und mühsamen Dingen ermutigt und sich sagt: „Was zögerst du? Es ist nicht die Art des Mannes, den Schweiß zu fürchten."

(8) Hierzu soll auch Folgendes hinzutreten, damit die sittliche Vollkommenheit erreicht ist: ein fortdauerndes Gleichmaß der Lebensweise, das in jeder Hinsicht mit sich im Einklang steht, was nur möglich ist, wenn eine Einsicht in die Dinge gelingt sowie in eine Wissenschaft, mit der Menschliches und Göttliches erkannt wird. Das ist das höchste Gut; wenn du dieses erreichst, schickst du dich an, ein Gefährte der Götter zu sein, kein demütiger Bittsteller.

(9) „Wie gelangt man dorthin?", fragst du. Nicht über die Penninischen oder Grajischen Alpen, nicht durch die Einöde Kandavias; du musst weder die Syrten noch Skylla oder Charybdis aufsuchen, gleichwohl hast du dies alles für den Lohn eines Prokuratorpöstchens durcheilt: gefahrlos ist der Weg, erfreulich ist er, für den die Natur dich ausgerüstet hat. Sie hat dir das früher erwähnte zugestanden, und wenn du dieses nicht brach liegen lässt, wirst du dich einem Gott ebenbürtig erheben.

(10) Geld hingegen wir dich nicht einem Gott ebenbürtig machen: ein Gott besitzt nichts. Die mit Purpur besetzte Toga wird es nicht machen: er ist nackt. Der Ruhm wird es nicht machen und nicht das eigene Zur-Schau-Stellen sondern vielmehr der Verzicht auf das Bekanntsein des Namens im Volke: niemand kennt einen Gott, viele denken schlecht über ihn, und zwar ungestraft. Nicht die Schar der Sklaven, die deine Sänfte über römische und fremdländische Wege trägt: jener größte und mächtigste Gott trägt alles selbst. Nicht einmal Aussehen und Macht können dich glücklich machen: nichts davon übersteht die Länge der Zeit.

(11) Quaerendum est quod non fiat in dies peius, cui non possit obstari. Quid hoc est? Animus, sed hic rectus, bonus, magnus. Quid aliud voces hunc quam deum in corpore humano hospitantem? Hic animus tam in equitem Romanum quam in libertinum, quam in servum potest cadere. Quid est enim eques Romanus aut libertinus aut servus? Nomina ex ambitione aut iniuria nata. Subsilire in caelum ex angulo licet: exsurge modo

[...] et te quoque dignum finge deo.

Finges autem non auro vel argento: non potest ex hac materia imago deo exprimi similis; cogita illos, cum propitii essent, fictiles fuisse. Vale.

(11) Erstrebt werden muss, was nicht von Tag zu Tag schlechter wird, das nicht verhindert werden kann. Was ist das? Der Geist, aber der sittlich gute, der tüchtige, der bedeutende. Warum soll man ihn anders nennen als einen Gott, der sich in einem menschlichen Körper aufhält? Dieser Geist kann sich ebenso gut in einen römischen Ritter, wie in einen Freigelassen, wie in einen Sklaven herabsenken. Was ist denn ein Ritter oder ein Freigelassener oder ein Sklave? Namen, geboren aus Ruhmsucht oder Unrecht. Es ist möglich, aus einem einsamen Winkel auf den Gipfel des Glücks emporzuspringen: eben jetzt stehe auf

[..] und forme dich gleichfalls auch eines Gottes würdig.

Du wirst jedoch nicht mit Gold oder Silber modellieren: es ist nicht möglich, aus diesem Material ein Gott ähnliches Abbild zu gestalten; bedenke, dass jene [Götter], als sie gnädig gesinnt waren, aus Ton bestanden. Lebe wohl.

———

Liber IV – Epistula XXXII

Seneca Lucilio suo Salutem,

(1) Inquiro de te et ab omnibus sciscitor qui ex ista regione veniunt quid agas, ubi et cum quibus moreris. Verba dare non potes: tecum sum. Sic vive tamquam quid facias auditurus sim, immo tamquam visurus. Quaeris quid me maxime ex iis quae de te audio delectet? Quod nihil audio, quod plerique ex iis quos interrogo nesciunt quid agas.

(2) Hoc est salutare, non conversari dissimilibus et diversa cupientibus. Habeo quidem fiduciam non posse te detorqueri mansurumque in proposito, etiam si sollicitantium turba circumeat. Quid ergo est? Non timeo ne mutent te, timeo ne impediant. Multum autem nocet etiam qui moratur, utique in tanta brevitate vitae, quam breviorem inconstantia facimus, aliud eius subinde atque aliud facientes initium; diducimus illam in particulas ac lancinamus.

(3) Propera ergo, Lucili carissime, et cogita quantum additurus celeritati fueris, si a tergo hostis instaret, si equitem adventare suspicareris ac fugientium premere vestigia. Fit hoc, premeris: accelera et evade, perduc te in tutum et subinde considera quam pulchra res sit consummare vitam ante mortem, deinde exspectare securum reliquam temporis sui partem, nihil sibi, in possessione beatae vitae positum, quae beatior non fit si longior.

--- ⚜ ---

Buch 4 – Brief 32

(1) Ich forsche dir nach und erkundige mich bei allen, die bei dir aus der Gegend kommen, was du machst, wo und bei wem du dich aufhältst. Du kannst mich nicht hintergehen: ich bin bei dir. Lebe so, als ob ich das, was du tust, hören werde, ja sogar als ob ich es sehen werde. Du fragst, was mich an den [Dingen], die ich über dich höre, ganz besonders erfreut? Die Tatsache, dass ich nichts höre; dass der größte Teil von denen, die ich befrage, nicht weiß, was du machst.

(2) Dieses ist zu begrüßen: mit denen keinen Umgang zu pflegen, die einem unähnlich sind und die sich ganz anderes wünschen. Ich habe aber Zuversicht, dass du dich nicht ablenken lässt und deinen Vorsatz beibehalten wirst, auch wenn dich eine beunruhigende Menschenmenge umringen sollte. Wie verhält es sich also? Ich fürchte nicht, dass sie dich umstimmen, ich fürchte, dass sie dich hemmen. Aber auch derjenige, der [einen] behindert, stiftet viel Unheil, besonders bei einem so kurzen Leben, das wir durch unseren Wankelmut [noch] kürzer machen, indem wir ihm von Zeit zu Zeit bald dieses und bald jenes Grundprinzip zugrunde legen; wir zersplittern es in kleine Stückchen und reißen es auseinander.

(3) Eile dich also, teuerster Lucilius, und bedenke wie sehr du an Schnelligkeit zulegen würdest, wenn der Feind dir im Rücken stünde, wenn du den Verdacht hättest, dass die Reiterei heranrückt und dazu noch die Spur der Flüchtenden verfolgt. Es geschieht jetzt – du wirst bedrängt: eile und entrinne, bringe dich in Sicherheit und beherzige immer wieder, welch vortreffliche Sache es ist, das Leben vor dem Tode zu vollenden, dann ohne Sorgen den restlichen Teil seiner Zeit zu erwarten, nichts für sich [selbst], in den Besitz eines glücklichen Lebens gebracht, das nicht glücklicher wird, auch wenn es länger andauert.

(4) O quando illud videbis tempus quo scies tempus ad te non pertinere, quo tranquillus placidusque eris et crastini neglegens et in summa tui satietate! Vis scire quid sit quod faciat homines avidos futuri? Nemo sibi contigit. Optaverunt itaque tibi alia parentes tui; sed ego contra omnium tibi eorum contemptum opto quorum illi copiam. Vota illorum multos compilant ut te locupletent; quidquid ad te transferunt alicui detrahendum est.

(5) Opto tibi tui facultatem, ut vagis cogitationibus agitata mens tandem resistat et certa sit, ut placeat sibi et intellectis veris bonis, quae simul intellecta sunt possidentur, aetatis adiectione non egeat. Ille demum necessitates supergressus est et exauctoratus ac liber qui vivit vita peracta. Vale.

$$\underline{\hspace{3cm}} \quad \text{❧} \quad \underline{\hspace{3cm}}$$

(4) Ach, wann wirst du jenen Zeitpunkt erblicken, an dem du verstehst, dass die Zeit keinen Einfluss auf dich hat, ab dem du ruhig und gelassen bist, sowohl den morgigen Tag nicht achtend als auch im Ganzen dir selbst zur Genüge! Willst du wissen, was es ist, dass die Menschen begierig auf die Zukunft macht? Niemand ist sich [selbst] zuteil geworden. Deine Eltern haben dir demnach anderes ausersehen; aber ich wünsche dir Gleichgültigkeit gegenüber alldem, was jene im Überfluss [wünschten]. Ihre Wünsche beuten viele aus, um dich zu bereichern; was auch immer sie auf dich übertragen, muss einem anderen entrissen werden.

(5) Ich wünsche dir die Möglichkeit, zu dir selbst [zu finden], damit dein von umherschweifenden Gedanken geplagter Geist endlich einmal innehält und Sicherheit findet, so dass er mit sich [selbst] zufrieden ist und es keiner Verlängerung der Lebenszeit bedarf, weil er das wahrhaftig Gute erkannt hat, das in Besitz genommen wird, sobald es zur Einsicht gelangt. Derjenige, der endlich den Bedrängnissen enthoben und aus dem Dienst entlassen und daher frei ist, derjenige lebt, weil er das Leben vollendet hat. Lebe wohl.

$$\underline{\hspace{2cm}}$$

Liber IV – Epistula XXXIII

Seneca Lucilio suo Salutem,

(1) Desideras his quoque epistulis sicut prioribus adscribi aliquas voces nostrorum procerum. Non fuerunt circa flosculos occupati: totus contextus illorum virilis est. Inaequalitatem scias esse ubi quae eminent notabilia sunt: non est admirationi una arbor ubi in eandem altitudinem tota silva surrexit.

(2) Eiusmodi vocibus referta sunt carmina, refertae historiae. Itaque nolo illas Epicuri existimes esse: publicae sunt et maxime nostrae, sed <in> illo magis adnotantur quia rarae interim interveniunt, quia inexspectatae, quia mirum est fortiter aliquid dici ab homine mollitiam professo. Ita enim plerique iudicant: apud me Epicurus est et fortis, licet manuleatus sit; fortitudo et industria et ad bellum prompta mens tam in Persas quam in alte cinctos cadit.

(3) Non est ergo quod exigas excerpta et repetita: continuum est apud nostros quidquid apud alios excerpitur. Non habemus itaque ista ocliferia nec emptorem decipimus nihil inventurum cum intraverit praeter illa quae in fronte suspensa sunt: ipsis permittimus unde velint sumere exemplar.

Buch 4 – Brief 33

Seneca grüßt seinen Lucilius,

(1) Du wünschst, dass auch den aktuellen Briefen, gleichwie den früheren, einige Äußerungen unserer großen Männer hinzugefügt werden. *Sie* haben sich nicht mit schmückenden Ausdrücken beschäftigt: mannhaft ist ihr ganzer Denkzusammenhang. Du weißt wohl, dass eine Anomalie existiert, wo [nur] bemerkenswert ist, was hervorsteht: ein einzelner Baum wird nicht bewundert, wo zur selben Höhe ein ganzer Wald herangewachsen ist.

(2) Voll von solchen Sinnsprüchen sind die Dichtungen, voll davon die Erzählungen. Deshalb will ich nicht, dass du womöglich meinst, dass die früher erwähnten [Sprüche] von Epikur sind: sie sind allen gemein und am meisten uns, werden aber bei ihm im höheren Grade wahrgenommen, weil sie manchmal vereinzelt, weil sie unerwartet hinzukommen, weil es auffallend ist, dass irgendetwas kraftvoll von einem Mann gesagt wird, der sich zur Weichlichkeit bekannt hat. So urteilen jedenfalls die meisten: für mich ist Epikur auch kraftvoll, mag er auch mit langen Ärmeln versehen sein; Tüchtigkeit und Fleiß und der entschlossene Wille zum Kampf wird ebenso den Persern wie den Hochgeschürzten zuteil.

(3) Es gibt keinen Grund, dass du um Auszüge oder Wiederholungen bittest: was auch immer bei den anderen als vorzüglich hervorgehoben wird, gibt es bei uns unmittelbar aufeinanderfolgend. Wir bringen daher nicht dieses Augenfällige mit uns und wir hintergehen nicht den Käufer, der, falls er eintreten sollte, mit Ausnahme jener [Dinge], die an der Fassade aufgehängt sind, nichts entdecken wird: wir überlassen es ihnen selbst, von wo sie sich ein Modell nehmen.

(4) Iam puta nos velle singulares sententias ex turba separare: cui illas assignabimus? Zenoni an Cleanthi an Chrysippo an Panaetio an Posidonio? Non sumus sub rege: sibi quisque se vindicat. Apud istos quidquid Hermarchus dixit, quidquid Metrodorus, ad unum refertur; omnia quae quisquam in illo contubernio locutus est unius ductu et auspiciis dicta sunt. Non possumus, inquam, licet temptemus, educere aliquid ex tanta rerum aequalium multitudine:

Pauperis est numerare pecus.

Quocumque miseris oculum, id tibi occurret quod eminere posset nisi inter paria legeretur.

(5) Quare depone istam spem posse te summatim degustare ingenia maximorum virorum: tota tibi inspicienda sunt, tota tractanda. <Continuando> res geritur et per lineamenta sua ingenii opus nectitur ex quo nihil subduci sine ruina potest. Nec recuso quominus singula membra, dummodo in ipso homine, consideres: non est formonsa cuius crus laudatur aut brachium, sed illa cuius universa facies admirationem partibus singulis abstulit.

(4) Stell dir nun vor, dass du einzelne Gedanken aus einer Menge trennen willst: wem werden wir sie zuweisen? Zenon oder Kleanthes oder Chrysipp oder Panaitios oder Poseidonios? Wir leben nicht unter einem Herrscher – für sich selbst nimmt sich jeder in Anspruch. Bei diesen da wird alles, was Hermarchos, alles, was Metrodoros gesagt hat, auf einen einzigen zurückgeführt; alles, was irgendjemand in jener Hausgemeinschaft sagte, wurde unter ein und derselben Führung und Leitung gesprochen. Wir können nicht, sage ich, obgleich wir es versuchen, aus einer so großen Menge gleich beschaffener Dinge etwas herausziehen:

Es ist typisch für den Armen, sein Vieh zu zählen.

Wohin auch immer du den Blick gehen lässt, es begegnet dir, was herausragen könnte, wenn man es nicht unter Gleichwertigem lesen würde.

(5) Deshalb gib die Hoffnung auf, die geistreichen Einfälle der angesehensten Männer auszugsweise kosten zu können: du musst sie als Ganzes anschauen, als Ganzes abhandeln. Durch unmittelbares Aneinanderreihen wird etwas hervorgebracht und aus den ihm eigenen Grundzügen wird ein Werk des Geistes geknüpft, aus dem nichts ohne Verwüstung entfernt werden kann. Aber ich erhebe keinen Einspruch, dass du etwa einzelne Teilstücke, soweit nur von dem Menschen selbst, in Augenschein nimmst: nicht wohlgestaltet ist, deren Bein oder Arm gepriesen wird, sondern jene, deren ganze äußere Erscheinung den einzelnen Gliedern die Bewunderung entzogen hat.

(7) Ideo pueris et sententias ediscendas damus et has quas Graeci 'chrias' vocant, quia complecti illas puerilis animus potest, qui plus adhuc non capit. Certi profectus viro captare flosculos turpe est et fulcire se notissimis ac paucissimis vocibus et memoria stare: sibi iam innitatur. Dicat ista, non teneat; turpe est enim seni aut prospicienti senectutem ex commentario sapere. 'Hoc Zenon dixit': tu quid? 'Hoc Cleanthes': tu quid? Quousque sub alio moveris? Impera et dic quod memoriae tradatur, aliquid et de tuo profer.

(8) Omnes itaque istos, numquam auctores, semper interpretes, sub aliena umbra latentes, nihil existimo habere generosi, numquam ausos aliquando facere quod diu didicerant. Memoriam in alienis exercuerunt; aliud autem est meminisse, aliud scire. Meminisse est rem commissam memoriae custodire; at contra scire est et sua facere quaeque nec ad exemplar pendere et totiens respicere ad magistrum.

(9) 'Hoc dixit Zenon, hoc Cleanthes.' Aliquid inter te intersit et librum. Quousque disces? Iam et praecipe. Quid est quare audiam quod legere possum? 'Multum', inquit, 'viva vox facit.' Non quidem haec quae alienis verbis commodatur et actuari vice fungitur.

(7) Daher tragen wir den Kindern sowohl Denksprüche zum Auswendig-
lernen auf als auch das, was die Griechen „Chrie" nennen, weil der kind-
liche Verstand, der [geistig] noch nicht viel aufnimmt, imstande ist, jene
zu verstehen. Für einen fortgeschrittenen Mann ist es sicherlich peinlich,
Denksprüche zu erhaschen, [und] sich an bekannten und nur wenigen Äußerungen festzuhalten und vom Gedächtnis abhängig zu sein: er sollte
sich längst auf sich selbst stützen. Festlegen soll er sie, nicht besitzen; es
ist beschämend für einen alten oder das Alter vor sich sehenden Mann,
seinen Verstand aus einer schriftlichen Notiz zu beziehen. „Dieses hier hat
Zenon gesagt": was meinst *du*? „Dieses hier Kleanthes": was meinst *du*?
Wie lange lässt du dich noch von einem anderen beeinflussen? Gebiete
und bestimme, was der Überlieferung anvertraut werden soll, gib etwas
auch von deinem Vermögen weiter.

(8) Ich denke, dass all jene – niemals Urheber, immer Vermittler, unter einem fremden Schatten sich verborgen haltend – deshalb nichts Edelge-
sinntes an sich haben, weil sie es niemals gewagt haben, irgendwann
einmal zu tun, was sie allzu lange gelernt hatten. Sie haben ihr Bewusstsein an fremden Besitztümern ausgebildet; sich zu erinnern ist jedoch das
eine, etwas zu wissen das andere. Sich zu erinnern heißt, eine dem Gedächtnis anvertraute Sache zu bewahren; doch zu wissen heißt dagegen,
sich zwar jede einzelne zu eigen zu machen, aber nicht einem Vorbild er-
geben zu sein und sich auch nicht so oft nach dem Lehrer umzublicken.

(9) „Dies sagte Zenon, dies Kleanthes." Zwischen dir und einem Buch
sollte es einen Unterschied geben. Wie lange wirst du noch lernen? Gib
endlich selbst Unterricht! Aus welchem Grund sollte ich mir anhören, was
ich lesen kann? „Vieles", sagt man, „bewirkt das lebendige Wort." Allerdings nicht dasjenige, das aus fremden Äußerungen entliehen wird und
den Dienst eines Protokollführers verrichtet.

(10) Adice nunc quod isti qui numquam tutelae suae fiunt primum in ea re sequuntur priores in qua nemo non a priore descivit; deinde in ea re sequuntur quae adhuc quaeritur. Numquam autem invenietur, si contenti fuerimus inventis. Praeterea qui alium sequitur nihil invenit, immo nec quaerit.

(11) Quid ergo? Non ibo per priorum vestigia? Ego vero utar via vetere, sed si propiorem planioremque invenero, hanc muniam. Qui ante nos ista moverunt non domini nostri sed duces sunt. Patet omnibus veritas; nondum est occupata; multum ex illa etiam futuris relictum est. Vale.

(10) Denk dir jetzt noch, dass solche, die niemals mündig werden, erstens, den Vorherigen in einer Sache folgen, in der sich jedermann vom Vorherigen abgewendet hat; zweitens, ihnen in einer Sache folgen, die noch immer untersucht wird. Niemals wird man etwas entdecken, wenn wir mit dem zufrieden sind, was entdeckt wurde. Nichts entdeckt außerdem derjenige, der einem anderen folgt, ja sogar nicht einmal sucht.

(11) Wie nun also? Werde ich nicht auf den Spuren der Vorfahren wandeln? Tatsächlich würde ich einen früheren Weg nutzen, aber, wenn ich einen näher liegenden und leichteren entdecke, diesen anlegen. Diejenigen, die das vor uns überlegt haben, sind nicht unsere Herren, sondern [unsere] Führer. Die Wahrheit steht allen offen; sie ist noch nicht in Beschlag genommen worden; ein großer Teil von ihr bleibt noch für die Zukunft übrig. Lebe wohl.

———

Liber IV – Epistula XXXIV

Seneca Lucilio suo Salutem,

(1) Cresco et exsulto et discussa senectute recalesco quotiens ex iis quae agis ac scribis intellego quantum te ipse – nam turbam olim reliqueras – superieceris. Si agricolam arbor ad fructum perducta delectat, si pastor ex fetu gregis sui capit voluptatem, si alumnum suum nemo aliter intuetur quam ut adulescentiam illius suam iudicet, quid evenire credis iis qui ingenia educaverunt et quae tenera formaverunt adulta subito vident?

(2) Assero te mihi; meum opus es. Ego cum vidissem indolem tuam, inieci manum, exhortatus sum, addidi stimulos nec lente ire passus sum sed subinde incitavi; et nunc idem facio, sed iam currentem hortor et invicem hortantem.

(3) 'Quid illud?', inquis, 'adhuc volo.' In hoc plurimum est, non sic quomodo principia totius operis dimidium occupare dicuntur. Ista res animo constat; itaque pars magna bonitatis est velle fieri bonum. Scis quem bonum dicam? Perfectum, absolutum, quem malum facere nulla vis, nulla necessitas possit.

Buch 4 – Brief 34

(1) Ich fasse Mut, [und] ich frohlocke und, obgleich vom Alter zerschlagen, erwärme ich mich, sooft ich aus dem, was du tust und schreibst, erkenne, wie sehr du dich selbst übertroffen hast – die Menge hattest du ja schon längst hinter dir gelassen. Wenn ein Baum, der bis zur Frucht gebracht wurde, den Bauern erfreut, wenn der Hirte Vergnügen empfindet an der Fruchtbarkeit seiner Herde, wenn niemand auf andere Weise seinen Zögling betrachtet, als dass er dessen Jugendzeit für die eigene hält, was glaubst du widerfährt denen, die kluge Köpfe hervorgebracht haben und plötzlich erwachsen sehen, was sie in der Kindheit formten?

(2) Ich rechne dich mir zu; du bist mein Werk. Als ich deine Begabung erkannt hatte, packte ich dich, munterte dich auf, spornte dich an und duldete nicht, dass du träge dahinschlenderst, sondern feuerte dich immer wieder an; und nun mache ich dasselbe, aber ich ermuntere einen, der schon läuft und umgekehrt mich ermuntert.

(3) „Wie ist das gemeint? Immer noch habe ich den Willen“, sagst du. Darauf kommt es am meisten an, nicht so, wie man sagt, dass der Beginn die Hälfte der ganzen Arbeit einnimmt. Diese Sache findet im Geiste statt; daher beruht ein Großteil der guten Gesinnung darauf, das Gute tun zu *wollen*. Weißt du, wen ich gut nenne? Den, der sich verwirklicht hat, den, der sich befreit hat, [und] den keine Macht, kein Zwang unglücklich machen kann.

(4) Hunc te prospicio, si perseveraveris et incubueris et id egeris ut omnia facta dictaque tua inter se congruant ac respondeant sibi et una forma percussa sint. Non est huius animus in recto cuius acta discordant. Vale.

(4) Dieses sehe ich für dich voraus, wenn du beharrlich bleibst, [und] dich anstrengst und darauf aus bist, dass alle deine Handlungen und Aussagen miteinander harmonieren, [und] sich entsprechen und ein einziges Gepräge besitzen. Der Geist desjenigen befindet sich nicht auf dem rechten Weg, dessen Taten widersprüchlich sind. Lebe wohl.

Liber IV – Epistula XXXV

Seneca Lucilio suo Salutem,

(1) Cum te tam valde rogo ut studeas, meum negotium ago: habere amicum volo, quod contingere mihi, nisi pergis ut coepisti excolere te, non potest. Nunc enim amas me, amicus non es. 'Quid ergo? Haec inter se diversa sunt?' Immo dissimilia. Qui amicus est amat; qui amat non utique amicus est; itaque amicitia semper prodest, amor aliquando etiam nocet. Si nihil aliud, ob hoc profice, ut amare discas.

(2) Festina ergo dum mihi proficis, ne istuc alteri didiceris. Ego quidem percipio iam fructum, cum mihi fingo uno nos animo futuros et quidquid aetati meae vigoris abscessit, id ad me ex tua, quamquam non multum abest, rediturum; sed tamen re quoque ipsa esse laetus volo.

(3) Venit ad nos ex iis quos amamus etiam absentibus gaudium, sed id leve et evanidum: conspectus et praesentia et conversatio habet aliquid vivae voluptatis, utique si non tantum quem velis sed qualem velis videas. Affer itaque te mihi, ingens munus, et quo magis instes, cogita te mortalem esse, me senem.

Buch 4 – Brief 35

(1) Immer wenn ich dich so sehr bitte, dass du dich philosophisch betätigst, betreibe ich mein eigenes Geschäft: ich wünsche einen Freund zu haben, was mir nur glücken kann, wenn du fortfährst, dich auszubilden, wie du begonnen hast. Denn im gegenwärtigen Augenblick liebst du mich, bist [aber] nicht mein Freund. „Wie denn? Stehen diese [Dinge] im Widerspruch miteinander?" Nein, sie sind vielmehr verschiedenartig. Ein Freund ist, der liebt, aber der liebt, ist nicht unbedingt ein Freund; deshalb ist eine Freundschaft immer nützlich, die Liebe zuweilen sogar schädlich. Wenn für nichts anderes, mache deshalb Fortschritte, damit du zu lieben lernst.

(2) Eile also, solange du für mich voranschreitest, damit du dies nicht für andere gelernt hast. Ich jedenfalls empfange bereits den Lohn, sooft ich mir vorstelle, dass wir eines Sinnes sein werden und dass alles, was meiner Altersklasse an Frische verloren gegangen ist, aus deiner, obgleich nicht weit von einander getrennt, zu mir zurückkehrt; aber dennoch will ich auch unmittelbar in der Wirklichkeit froh sein.

(3) Selbst in Abwesenheit stellt sich wegen derjenigen, die wir lieben, Freude bei uns ein, das jedoch geringfügig und verblassend: der persönliche Anblick, [und] die Anwesenheit und der Umgang gewähren einiges an lebhaftem Vergnügen, zumal wenn man nicht nur besuchen kann, wen man will, sondern was für einen man will. Begib dich also zu mir, als ungeheures Geschenk, und damit du dich dem umso eifriger widmest, bedenke, dass du sterblich bist, [und] ich ein Greis.

(4) Propera ad me, sed ad te prius. Profice et ante omnia hoc cura, ut constes tibi. Quotiens experiri voles an aliquid actum sit, observa an eadem hodie velis quae heri: mutatio voluntatis indicat animum natare, aliubi atque aliubi apparere, prout tulit ventus. Non vagatur quod fixum atque fundatum est: istud sapienti perfecto contingit, aliquatenus et proficienti provectoque. Quid ergo interest? Hic commovetur quidem, non tamen transit, sed suo loco nutat; ille ne commovetur quidem. Vale.

(4) Eile zu mir, aber vorher auch zu dir [selbst]. Schreite voran und sei vor allem darauf bedacht, dass du dir treu bleibst. Jedes Mal, wenn du in Erfahrung bringen willst, ob etwas ernstlich betrieben werden sollte, gib Acht, ob du heute dasselbe willst wie gestern: ein Stimmungswechsel verrät, dass der Wille schwankt, dass er bald hier, bald dort sich zeigt, so wie ihn der Wind getragen hat. Er wird nicht umherschweifen, wenn er unabänderlich und fest begründet ist: dieses trifft auf den vollkommenen Weisen zu, bis zu einem gewissen Punkt auch auf denjenigen, der vom Flecke kommt und fortschreitet. Was ist nun der Unterschied? Der letztere wird zwar beunruhigt, geht allerdings nicht zu etwas anderem über, sondern schwankt auf seinem Standpunkt hin und her; der erstere wird nicht einmal in Unruhe versetzt. Lebe wohl.

————————— ⚘ —————————

Liber IV – Epistula XXXVI

Seneca Lucilio suo Salutem,

(1) Amicum tuum hortare ut istos magno animo contemnat qui illum obiurgant quod umbram et otium petierit, quod dignitatem suam destituerit et, cum plus consequi posset, praetulerit quietem omnibus; quam utiliter suum negotium gesserit cotidie illis ostentet. Hi quibus invidetur non desinent transire: alii elidentur, alii cadent. Res est inquieta felicitas; ipsa se exagitat. Movet cerebrum non uno genere: alios in aliud irritat, hos in impotentiam, illos in luxuriam; hos inflat, illos mollit et totos resolvit.

(2) 'At bene aliquis illam fert.' Sic, quomodo vinum. Itaque non est quod tibi isti persuadeant eum esse felicem qui a multis obsidetur: sic ad illum quemadmodum ad lacum concurritur, quem exhauriunt et turbant. 'Nugatorium et inertem vocant.' Scis quosdam perverse loqui et significare contraria. Felicem vocabant: Quid ergo? Erat?

Buch 4 – Brief 36

(1) Ermuntere deinen Freund, damit er mit großer Zuversicht jenen die Stirn bietet, die ihm Vorwürfe machen, dass er einen schattigen Ort und die Muße aufgesucht, dass er seine gesellschaftliche Stellung aufgegeben und dass er, obgleich er imstande sei, mehr zu erreichen, seine Zurückgezogenheit allem [anderen] vorgezogen habe; wie vorteilhaft er seine Sache betreibt, hält er ihnen Tag für Tag vor Augen. Diejenigen, von denen er beneidet wird, werden nicht mehr [auf seine Seite] übertreten: die einen werden erdrückt, die anderen verlieren sich. Der Erfolg ist eine rastlose Angelegenheit; er lässt sich selbst nicht ruhen. Er erregt den Verstand nicht nur auf eine Weise: er reizt die einen zu diesem, die anderen zu jenem, diese zur Zügellosigkeit, jene zur Verschwendungssucht; diese macht er übermütig, jene verweichlicht und entkräftet er völlig.

(2) „Aber manch einer erträgt ihn doch gut?" So ist es, wie einen Wein. Deshalb gibt es keinen Grund, dich von diesen da überzeugen zu lassen, dass derjenige glücklich ist, der von vielen umlagert wird: so eilt man zu jenem herbei wie zu einem Wasserbecken, das sie ausschöpfen und trüben. „Als unnütz und untätig bezeichnen sie ihn." Du weißt, dass manche falsch reden und Entgegengesetztes äußern. Sie nannten ihn glücklich: Wie nun also? War er es?

(3) Ne illud quidem curo, quod quibusdam nimis horridi animi videtur et tetrici. Ariston aiebat malle se adulescentem tristem quam hilarem et amabilem turbae; vinum enim bonum fieri quod recens durum et asperum visum est; non pati aetatem quod in dolio placuit. Sine eum tristem appellent et inimicum processibus suis: bene se dabit in vetustate ipsa tristitia, perseveret modo colere virtutem, perbibere liberalia studia, non illa quibus perfundi satis est, sed haec quibus tingendus est animus.

(4) Hoc est discendi tempus. 'Quid ergo? Aliquod est quo non sit discendum?' Minime; sed quemadmodum omnibus annis studere honestum est, ita non omnibus institui. Turpis et ridicula res est elementarius senex: iuveni parandum, seni utendum est. Facies ergo rem utilissimam tibi, si illum quam optimum feceris; haec aiunt beneficia esse expetenda tribuendaque, non dubie primae sortis, quae tam dare prodest quam accipere.

(5) Denique nihil illi iam liberi est, spopondit; minus autem turpe est creditori quam spei bonae decoquere. Ad illud aes alienum solvendum opus est negotianti navigatione prospera, agrum colenti ubertate eius quam colit terrae, caeli favore: ille quod debet sola potest voluntate persolvi. In mores fortuna ius non habet.

(3) Ich kümmere mich nicht einmal darum, dass sein Charakter manchen allzu unkultiviert und ernst erscheint. Ariston sagte, dass er lieber einen mürrischen, als einen fröhlichen und bei der Menge beliebten jungen Mann will; dass nämlich ein guter Wein entsteht, wenn er, frisch eingetroffen, herb und säurehaltig erschien; dass er die Jahre nicht übersteht, wenn er im Fass für gut befunden wurde. Lass gut sein, mögen sie ihn als mürrisch und als Feind seines eigenen Glücks bezeichnen: gerade im Alter wird sich der finstere Ernst gut machen, wenn er nur fortfährt, seine Tugendhaftigkeit zu erhalten, [und] die eines Freien würdigen Wissenschaften in sich aufzunehmen, nicht jene, mit denen sich zu benetzen ausreichend ist, sondern diejenigen, mit denen die Seele getränkt werden muss.

(4) Dies ist der Zeitpunkt zum Lernen. „Was jetzt? Gibt es einen, an dem nicht gelernt werden muss?" Keineswegs; aber gleichwie es für alle Lebensalter angesehen ist, sich wissenschaftlich zu beschäftigen, so nicht für alle, unterwiesen zu werden. Ein bejahrter Elementarschüler ist eine schimpfliche und lächerliche Sache: die Jungen müssen erwerben, die Alten verwenden. Du wirst dir also eine äußerst vorteilhafte Lage bereiten, wenn du jenen möglichst tüchtig machst; diese Freundschaftsdienste, sagt man, müssen gefordert und eingeräumt werden, ganz sicher diejenigen der vortrefflichsten Art, die sowohl nützlich zu geben als auch anzunehmen sind.

(5) Schließlich steht es ihm schon gar nicht mehr frei, er hat sich verpflichtet; es ist jedoch weniger schimpflich, dem Gläubiger als [sich selbst] die Aussicht auf Tugend zu ruinieren. Zum Bezahlen jener Schulden ist für den Handeltreibenden eine glückliche Seereise erforderlich, für den Bauern das Feld mit seinem – abhängig davon wie er die Böden bestellt, abhängig von der Gunst des Wetters – reichen Ertrag. Was jener schuldet, kann nur aus freiem Willen abgezahlt werden. Das Schicksal hat keine Macht über den Charakter.

(6) Hos disponat ut quam tranquillissimus ille animus ad perfectum veniat, qui nec ablatum sibi quicquam sentit nec adiectum, sed in eodem habitu est quomodocumque res cedunt; cui sive aggeruntur vulgaria bona, supra res suas eminet, sive aliquid ex istis vel omnia casus excussit, minor non fit.

(7) Si in Parthia natus esset, arcum infans statim tenderet; si in Germania, protinus puer tenerum hastile vibraret; si avorum nostrorum temporibus fuisset, equitare et hostem comminus percutere didicisset. Haec singulis disciplina gentis suae suadet atque imperat.

(8) Quid ergo huic meditandum est? Quod adversus omnia tela, quod adversus omne hostium genus bene facit, mortem contemnere, quae quin habeat aliquid in se terribile, ut et animos nostros quos in amorem sui natura formavit offendat, nemo dubitat; nec enim opus esset in id comparari et acui in quod instinctu quodam voluntario iremus, sicut feruntur omnes ad conservationem sui.

(9) Nemo discit ut si necesse fuerit aequo animo in rosa iaceat, sed in hoc duratur, ut tormentis non summittat fidem, ut si necesse fuerit stans etiam aliquando saucius pro vallo pervigilet et ne pilo quidem incumbat, quia solet obrepere interim somnus in aliquod adminiculum reclinatis. Mors nullum habet incommodum; esse enim debet aliquid cuius sit incommodum.

(6) Er sollte diesen gehörig ordnen, damit jene Geisteshaltung so gelassen wie möglich zur Vollendung kommt, die weder bemerkt, wenn sich etwas fortgemacht hat, noch [wenn etwas] hinzugefügt wurde, sondern dieselbe Einstellung beibehält, wie auch immer die Dinge ausgehen; wenn gewöhnliche Reichtümer vor ihm aufgehäuft werden, ist er über seine Besitztümer erhaben, oder wenn ihm ein Schicksalsschlag etwas davon oder auch alles geraubt hat, macht ihn das nicht kleinmütiger.

(7) Wenn er in Parthien geboren wäre, würde er als kleines Kind stehenden Fußes den Bogen spannen, wenn in Germanien, würde er als Knabe geradewegs die biegsame Lanze schwingen; wenn er zu Zeiten unserer Vorfahren gelebt hätte, hätte er gelernt, zu reiten und den Feind im Handgemenge zu durchbohren. Die Lebensart seines Stammes rät und verlangt dies von jedem Einzelnen.

(8) Was also muss dieser einüben? Dasjenige, das gegen alle Waffen, das gegen jede Kunst der Feinde vortrefflich wirkt: den Tod zu verachten, der, niemand bezweifelt das, fürwahr etwas Furchteinflößendes an sich hat, sodass er sogar unsere Gefühle verletzt, welche die Natur zur Eigenliebe angeleitet hat; und wir bräuchten freilich nicht für dasjenige ausgerüstet und angespornt werden, auf das wir gewissermaßen aus freiwilligem Antrieb losgehen, gleichwie alle zur Selbsterhaltung bewegt werden.

(9) Niemand erlernt etwas, um, wenn es erforderlich ist, gleichmütig auf einem Rosenbett zu liegen, sondern man wird dazu abgehärtet, um unter Qualen nicht an Treue nachzulassen, um, wenn es erforderlich ist, unerschütterlich vor dem Wall stehend – manchmal sogar verwundet – die Nacht zu durchwachen und sich nicht einmal auf den Wurfspieß zu stützen, weil einen mitunter der Schlaf zu überrumpeln pflegt, nachdem sich an irgendeine Stütze angelehnt wurde. Der Tod bringt keinen Schaden mit sich – denn es müsste irgendetwas geben, dessen Schaden er wäre.

(10) Quod si tanta cupiditas te longioris aevi tenet? Cogita nihil eorum quae ab oculis abeunt et in rerum naturam, ex qua prodierunt ac mox processura sunt, reconduntur consumi: desinunt ista, non pereunt, et mors, quam pertimescimus ac recusamus, intermittit vitam, non eripit; veniet iterum qui nos in lucem reponat dies, quem multi recusarent nisi oblitos reduceret.

(11) Sed postea diligentius docebo omnia quae videntur perire mutari. Aequo animo debet rediturus exire. Observa orbem rerum in se remeantium: videbis nihil in hoc mundo exstingui sed vicibus descendere ac surgere. Aestas abit, sed alter illam annus adducet; hiemps cecidit, referent illam sui menses; solem nox obruit, sed ipsam statim dies abiget. Stellarum iste discursus quidquid praeterit repetit; pars caeli levatur assidue, pars mergitur.

(12) Denique finem faciam, si hoc unum adiecero, nec infantes pueros nec mente lapsos timere mortem et esse turpissimum si eam securitatem nobis ratio non praestat ad quam stultitia perducit. Vale.

(10) Wenn dich nun [aber] ein so großes Verlangen nach einem längeren Leben erfüllt? Bedenke, dass nichts von den Dingen verzehrt wird, die vor den Augen entschwinden und wieder in die natürliche Gesetzmäßigkeit zurückgesetzt werden, aus der sie entstanden sind und alsbald [wieder] hervorgehen werden: diese finden ein Ende, sie gehen nicht verloren, und der Tod, vor dem wir uns fürchten und sträuben, lässt das Leben zeitweilig aussetzen, er rafft es nicht dahin; der Tag wird wieder kommen, der uns in das Licht zurückbringt, gegen den viele Einspruch erheben würden, wenn er sie nicht ohne Erinnerung zurückführte.

(11) Aber später werde ich genauer darlegen, dass alles, was scheinbar vergeht, gewandelt wird. Mit gelassenem Herzen muss scheiden, der zurückkehren wird. Beachte den Kreislauf der Erscheinungen, die in sich selbst zurückkehren: du wirst erkennen, dass nichts in dieser Welt ausgelöscht wird, sondern abwechselnd herabsinkt und emporsteigt. Der Sommer verstreicht, aber das nächste Jahr wird den folgenden bringen; der Winter hat sich geneigt, die üblichen Monate werden ihn zurückbringen; die Nacht überwältigt die Sonne, aber auch sie wird der Tag alsbald vertreiben. Dieser Umlauf der Gestirne erneuert alles, was vergeht; ein Teil des Himmelsgewölbes erhebt sich unablässig, ein Teil versinkt.

(12) Ich werde zuletzt die Hauptsache niederschreiben, wenn ich nämlich das eine hinzufüge, dass weder alberne Kinder noch wahnsinnig Gewordene den Tod fürchten und dass es das Schändlichste ist, wenn uns die philosophische Schule nicht die Furchtlosigkeit gewährt, zu der die Torheit führt. Lebe wohl.

Liber IV – Epistula XXXVII

Seneca Lucilio suo Salutem,

(1) Quod maximum vinculum est ad bonam mentem, promisisti virum bonum, sacramento rogatus es. Deridebit te, si quis tibi dixerit mollem esse militiam et facilem. Nolo te decipi. Eadem honestissimi huius et illius turpissimi auctoramenti verba sunt: 'Uri, vinciri ferroque necari'.

(2) Ab illis qui manus harenae locant et edunt ac bibunt quae per sanguinem reddant cavetur ut ista vel inviti patiantur: a te ut volens libensque patiaris. Illis licet arma summittere, misericordiam populi temptare: tu neque summittes nec vitam rogabis; recta tibi invictoque moriendum est. Quid porro prodest paucos dies aut annos lucrificare? Sine missione nascimur.

(3) 'Quomodo ergo', inquis, 'me expediam?' Effugere non potes necessitates, potes vincere. *Fit via <vi>*; et hanc tibi viam dabit philosophia. Ad hanc te confer si vis salvus esse, si securus, si beatus, denique si vis esse, quod est maximum, liber; hoc contingere aliter non potest.

Seneca grüßt seinen Lucilius,

(1) Dieses ist das bedeutendste Band für eine edle Sinnesart: du hast einen tüchtigen Mann in Aussicht gestellt, du hast dich auf die Fahne vereidigen lassen. Wenn einer dir sagt, der Kriegsdienst sei leicht und bequem, verspottet er dich. Ich will dich nicht täuschen. Die Worte dieses ehrbarsten und jenes schändlichsten Dienstvertrags sind dieselben: „Sich verbrennen, fesseln und mit dem Schwert töten zu lassen."

(2) Bei jenen, die ihre Hände der Arena verpflichten und essen und trinken, was sie mit ihrem Blut bezahlen sollen, wird sichergestellt, dass sie dieses auch gegen ihren Willen erdulden: bei dir, dass du es freiwillig und gerne erträgst. Jenen ist es erlaubt, die Waffen niederzulegen, [und] die Barmherzigkeit des Volkes auf die Probe zu stellen: du wirst weder [die Waffen] niederlegen noch ums Leben betteln; aufrecht und unbesiegt musst du sterben. Was nützt es sodann, wenige Tage oder Jahre zu gewinnen? Ohne [Anspruch auf] Gnade werden wir geboren.

(3) „Wie also", fragst du, „kann ich mich [davon] befreien?" Du kannst den Notwendigkeiten nicht entfliehen, du kannst sie überwinden. *Der rechte Weg erwächst aus Stärke*; und die Philosophie wird dir diesen Weg weisen. An diese wende dich, wenn du gesund, wenn du ohne Sorge, wenn du glücklich sein willst, und außerdem auch, was das Wichtigste ist, wenn du frei sein willst. Auf andere Weise kann dies nicht gelingen.

(4) Humilis res est stultitia, abiecta, sordida, servilis, multis affectibus et sacrissimis subiecta. Hos tam graves dominos, interdum alternis imperantes, interdum pariter, dimittit a te sapientia, quae sola libertas est. Una ad hanc fert via, et quidem recta; non aberrabis; vade certo gradu. Si vis omnia tibi subicere, te subice rationi; multos reges, si ratio te rexerit. Ab illa disces quid et quemadmodum aggredi debeas; non incides rebus.

(5) Neminem mihi dabis qui sciat quomodo quod vult coeperit velle: non consilio adductus illo sed impetu impactus est. Non minus saepe fortuna in nos incurrit quam nos in illam. Turpe est non ire sed ferri, et subito in medio turbine rerum stupentem quaerere: 'Huc ego quemadmodum veni?' Vale.

(4) Dummheit ist eine demütigende Angelegenheit – verachtet, schmutzig, knechtisch, vielen Leidenschaften, und zwar den heftigsten, unterworfen. Diese so beschwerlichen Herren, bisweilen abwechselnd gebietend, bisweilen gleichzeitig, schickt die Weisheit, welche die einzige Freiheit ist, von dir fort. Ein einziger Weg führt zu dieser, und zwar geradewegs; du wirst dich nicht verirren; schreite los mit sicherem Schritt: Wenn du dir alles unterwerfen willst, unterwirf dich der Vernunft. Viele wirst du leiten, wenn die Vernunft dich leitet. Von dieser wirst du lernen, was und auf welche Weise du es angehen musst; du wirst nicht von ungefähr auf diese Dinge kommen.

(5) Keinen wirst du mir nennen, der wüsste, wie er angefangen hat zu wollen, was er will: nicht durch Einsicht wurde er zu jenem bewogen, sondern von einer Neigung getrieben. Ebenso oft rennt das Schicksal gegen uns an, wie wir gegen [das Schicksal]. Es ist nicht schimpflich loszumarschieren, sondern fortgerissen zu werden und plötzlich mitten im Sturm der Ereignisse staunend zu fragen: „Wie bin ich hier hineingeraten?". Lebe wohl.

--- ✿ ---

Liber IV – Epistula XXXVIII

Seneca Lucilio suo Salutem,

(1) Merito exigis ut hoc inter nos epistularum commercium frequentemus. Plurimum proficit sermo, quia minutatim irrepit animo: disputationes praeparatae et effusae audiente populo plus habent strepitus, minus familiaritatis. Philosophia bonum consilium est: consilium nemo clare dat. Aliquando utendum est et illis, ut ita dicam, contionibus, ubi qui dubitat impellendus est; ubi vero non hoc agendum est, ut velit discere, sed ut discat, ad haec submissiora verba veniendum est. Facilius intrant et haerent; nec enim multis opus est sed efficacibus.

(2) Seminis modo spargenda sunt, quod quamvis sit exiguum, cum occupavit idoneum locum, vires suas explicat et ex minimo in maximos auctus diffunditur. Idem facit ratio: non late patet, si aspicias; in opere crescit. Pauca sunt quae dicuntur, sed si illa animus bene excepit, convalescunt et exsurgunt. Eadem est, inquam, praeceptorum condicio quae seminum: multum efficiunt, et angusta sunt. Tantum, ut dixi, idonea mens rapiat illa et in se trahat; multa invicem et ipsa generabit et plus reddet quam acceperit. Vale.

Buch 4 – Brief 38

Seneca grüßt seinen Lucilius,

(1) Mit Fug und Recht verlangst du, dass wir den jetzigen Briefwechsel zwischen uns ständig erneuern. Eine gelehrte Unterhaltung bewirkt am meisten, weil sie nach und nach in den Geist eindringt: vorbereitete und ausgedehnte Abhandlungen verursachen beim zuhörenden Publikum mehr Lärm, weniger Vertrautheit. Die Philosophie ist ein vorzüglicher Ratgeber: einen Rat gibt niemand laut. Manchmal muss man sich auch, um es auf diese Weise zu sagen, der erwähnten Ansprache bedienen, wenn einer angetrieben werden soll, der unentschlossen ist; wo aber nicht dazu angeregt werden muss, dass er lernen will, sondern dass er lernt, soll man zu diesen ruhigeren Worten übergehen. Sie dringen leichter ein und bleiben hängen, und es sind nicht viele nötig, sondern wirksame.

(2) Nach Art eines Samens müssen sie verbreitet werden, welcher, obgleich er winzig ist, sobald er eine passende Stelle in Besitz genommen hat, seine Kräfte entfaltet und sich aus dem Kleinsten in größter Fülle ausbreitet. Dasselbe macht die Vernunft: sie öffnet sich nicht weithin, wenn man sie [nur] in Augenschein nimmt; sie wächst während der Beschäftigung [mit ihr]. Wenige [Worte] sind es, die vorgebracht werden, aber wenn der Geist sie gut aufgenommen hat, gewinnen sie an Kraft und erheben sich. Die Beschaffenheit der philosophischen Lehren, sage ich, ist dieselbe wie die eines Samens: sie erschaffen viel und doch sind sie knapp bemessen. Wie ich erwähnte, sollte sich ein fähiger Geist nur so viel von ihr aneignen und in sich aufnehmen: vieles wird er seinerseits nämlich selbst hervorbringen und mehr zurückgeben, als er angenommen hat. Lebe wohl.

———————

Liber IV – Epistula XXXIX

Seneca Lucilio suo Salutem,

(1) Commentarios quos desideras, diligenter ordinatos et in angustum coactos, ego vero componam; sed vide ne plus profutura sit ratio ordinaria quam haec quae nunc vulgo *breviarium* dicitur, olim cum latine loqueremur *summarium* vocabatur. Illa res discenti magis necessaria est, haec scienti; illa enim docet, haec admonet. Sed utriusque rei tibi copiam faciam. Tu a me non est quod illum aut illum exigas; qui notorem dat ignotus est.

(2) Scribam ergo quod vis, sed meo more; interim multos habes quorum scripta nescio an satis ordinentur. Sume in manus indicem philosophorum: haec ipsa res expergisci te coget, si videris quam multi tibi laboraverint. Concupisces et ipse ex illis unus esse; habet enim hoc optimum in se generosus animus, quod concitatur ad honesta. Neminem excelsi ingenii virum humilia delectant et sordida: magnarum rerum species ad se vocat et extollit.

(3) Quemadmodum flamma surgit in rectum, iacere ac deprimi non potest, non magis quam quiescere, ita noster animus in motu est, eo mobilior et actuosior quo vehementior fuerit. Sed felix qui ad meliora hunc impetum dedit: ponet se extra ius dicionemque fortunae; secunda temperabit, adversa comminuet et aliis admiranda despiciet.

Seneca grüßt seinen Lucilius,

(1) Die Aufzeichnungen, die du wünschst, gründlich abgefasst und kurz auf den Punkt gebracht, werde ich freilich zusammenstellen; ziehe du aber in Betracht, ob die ordnungsgemäße Methode nicht nützlicher sein könnte als diejenige, die jetzt von aller Welt *breviarium* genannt wird, [und] die man einst, als wir gutes Latein gesprochen haben, als *summarium* bezeichnete. Jene ist eher eine Notwendigkeit für den Lernenden, diese für den Kundigen; jene nämlich lehrt, diese erinnert. Aber ich werde dir beides zukommen lassen. Es gibt für dich keinen Grund, diesen oder jenen von mir einzufordern: wer eine Autorität angibt, ist [selbst] unkundig.

(2) Ich werde also schreiben, was du verlangst, aber auf meine Art und Weise; inzwischen hast du viele, deren Schriften, ich vermute zu genüge, geordnet sein müssten. Nimm das Verzeichnis der Philosophen in die Hand: wenn du siehst, wie viele sich für dich angestrengt haben, wird dich allein dieser Umstand zwingen zu erwachen. Du wirst dir wünschen, selbst auch einer von ihnen zu sein; ein edler Geist trägt dieses Vortrefflichste nämlich in sich, dass er zum sittlich Guten angetrieben wird. Keinen Mann von hervorragender Begabung erfreuen Kleinmütiges und Niederträchtiges: die Schönheit der großen Wahrheiten lockt ihn zu sich und erhebt ihn.

(3) Wie eine Flamme senkrecht in die Höhe emporsteigt, nicht zu Boden liegen und nicht niedergehalten werden kann, ebenso wenig wie sie sich ruhig verhalten kann, so ist unser Geist in Unruhe, umso beweglicher und lebhafter, je energischer er ist. Doch glücklich, wer diesen Schwung zum Besseren verwendet hat: er wird sich außerhalb der Macht und der Herrschaft des Schicksals stellen; glückliche Umstände wir er in das gehörige Maß setzen, Unglücke entkräften und verachten, was andere bewundern.

(4) Magni animi est magna contemnere ac mediocria malle quam nimia; illa enim utilia vitaliaque sunt, at haec eo quod superfluunt nocent. Sic segetem nimia sternit ubertas, sic rami onere franguntur, sic ad maturitatem non pervenit nimia fecunditas. Idem animis quoque evenit quos immoderata felicitas rumpit, qua non tantum in aliorum iniuriam sed etiam in suam utuntur.

(5) Qui hostis in quemquam tam contumeliosus fuit quam in quosdam voluptates suae sunt? Quorum impotentiae atque insanae libidini ob hoc unum possis ignoscere, quod quae fecere patiuntur. Nec immerito hic illos furor vexat; necesse est enim in immensum exeat cupiditas quae naturalem modum transilit. Ille enim habet suum finem, inania et ex libidine orta sine termino sunt.

(6) Necessaria metitur utilitas: supervacua quo redigis? Voluptatibus itaque se mergunt quibus in consuetudinem adductis carere non possunt, et ob hoc miserrimi sunt, quod eo pervenerunt ut illis quae supervacua fuerant facta sint necessaria. Serviunt itaque voluptatibus, non fruuntur, et mala sua, quod malorum ultimum est, et amant; tunc autem est consummata infelicitas, ubi turpia non solum delectant sed etiam placent, et desinit esse remedio locus ubi quae fuerant vitia mores sunt. Vale.

———

(4) Es zeugt von einem bedeutenden Geist, Großes gleichgültig hinzunehmen und Gewöhnliches dem Übermäßigem vorzuziehen; jenes ist nämlich nützlich und lebensnotwendig, dieses hingegen schadet dadurch, dass es überflüssig ist. So drückt ein übermäßiger Ertrag die Aussaat zu Boden, so werden Zweige durch die Last gebeugt, so gelangt allzu große Fruchtbarkeit nicht zur Reife. Das gleiche widerfährt auch den Seelen, die ein maßloser Erfolg zerbricht, den sie nicht nur zum Schaden der anderen, sondern auch zum eigenen [Schaden] gebrauchen.

(5) Welcher Feind war schon so herabwürdigend zu jemanden, wie zu manchen ihre sinnlichen Freuden sind? Deren Maßlosigkeit und unvernünftige Begierde könnte man allein deshalb verzeihen, weil sie über sich ergehen lassen müssen, was sie erweckt haben. Und nicht zu Unrecht sucht sie diese Verblendung heim; denn es ist unausweichlich, dass sich eine Begierde, die das natürliche Maß überschreitet, ins Unermessliche steigert. Jener [bedeutende Geist] besitzt nämlich sein Maß, Nichtigkeiten und aus der Begierde Geborenes sind grenzenlos.

(6) Der Nutzen bemisst das Notwendige: [aber] wie schränkt man Unnötiges ein? Und so versinken sie in ihren Begierden, denen sie, durch Gewöhnung herbeigeführt, nicht entsagen können, und sind deswegen unglücklich, weil sie dahin gelangt sind, dass ihnen unentbehrlich geworden ist, was [vorher] überflüssig war. Sie sind also Sklave ihrer Begierden, sie genießen sie nicht, und, was das ärgste Übel ist, sie lieben ihre Laster sogar. In dem Augenblick jedoch ist das vollkommene Elend erreicht, wenn sittlich Schlechtes nicht nur Freude bringt, sondern auch Beifall findet, und es ist keine Chance mehr auf ein Gegenmittel vorhanden, wenn das, was Verfehlungen waren, Lebensart geworden ist. Lebe wohl.

Liber IV – Epistula XL

(1) Quod frequenter mihi scribis gratias ago; nam quo uno modo potes te mihi ostendis. Numquam epistulam tuam accipio ut non protinus una simus. Si imagines nobis amicorum absentium iucundae sunt, quae memoriam renovant et desiderium absentiae falso atque inani solacio levant, quanto iucundiores sunt litterae, quae vera amici absentis vestigia, veras notas afferunt? Nam quod in conspectu dulcissimum est, id amici manus epistulae impressa praestat, agnoscere.

(2) Audisse te scribis Serapionem philosophum, cum istuc applicuisset: 'Solet magno cursu verba convellere, quae non effundit sed premit et urguet; plura enim veniunt quam quibus vox una sufficiat.' Hoc non probo in philosopho, cuius pronuntiatio quoque, sicut vita, debet esse composita; nihil autem ordinatum est quod praecipitatur et properat. Itaque oratio illa apud Homerum concitata et sine intermissione in morem nivis superveniens oratori data est, lenis et melle dulcior seni profluit.

Buch 4 – Brief 40

Seneca grüßt seinen Lucilius,

(1) Ich danke dir, dass du mir oft schreibst; denn dadurch zeigst du dich mir auf die einzige dir mögliche Art. Niemals empfange ich deinen Brief, ohne dass wir sogleich ein Einziges sind. Wenn uns Gedanken an die abwesenden Freunde erfreulich sind, welche die Erinnerung auffrischen und die Sehnsucht aufgrund der Abwesenheit mit nichtigem und leerem Trost mildern, um wie viel erfreulicher sind [dann] Briefe, die wahrhaftige Spuren, die echte Zeichen des abwesenden Freundes überbringen? Denn was beim Erblicken am angenehmsten ist, das leistet die dem Brief aufgedrückte Handschrift des Freundes: sich wiederzuerkennen.

(2) Du schreibst, dass du den Philosophen Serapion hörtest, nachdem er dort bei dir angelegt hatte: „Wegen seines gewaltigen Redeflusses verzerrt er gewöhnlich die Worte, die er nicht herausströmen lässt, sondern zusammenpresst und fortstößt; jedenfalls kommen mehr heraus, als dass eine einzelne Stimme ihnen genügen könnte." Dies kann ich für einen Philosophen nicht akzeptieren, dessen Rede – wie das Leben – gleichfalls auch wohl eingerichtet sein muss; nicht geordnet ist jedoch, was drängt und eilt. Daher ist jene bekannte Ausdrucksweise bei Homer – erregt und ohne Unterbrechung nach Art eines plötzlich einsetzenden Schneefalls – einem Sprecher überlassen worden; die ruhige [Ausdrucksweise], und dabei süßer als Honig, fließt aus dem alten Mann hervor.

(3) Sic itaque habe: istam vim dicendi rapidam atque abundantem aptiorem esse circulanti quam agenti rem magnam ac seriam docentique. Aeque stillare illum nolo quam currere; nec extendat aures nec obruat. Nam illa quoque inopia et exilitas minus intentum auditorem habet taedio interruptae tarditatis; facilius tamen insidit quod exspectatur quam quod praetervolat. Denique tradere homines discipulis praecepta dicuntur: non traditur quod fugit.

(4) Adice nunc quod quae veritati operam dat oratio incomposita esse debet et simplex: haec popularis nihil habet veri. Movere vult turbam et inconsultas aures impetu rapere, tractandam se non praebet, aufertur: quomodo autem regere potest quae regi non potest? Quid quod haec oratio quae sanandis mentibus adhibetur descendere in nos debet? Remedia non prosunt nisi immorantur.

(5) Multum praeterea habet inanitatis et vani, plus sonat quam valet. Lenienda sunt quae me exterrent, compescenda quae irritant, discutienda quae fallunt, inhibenda luxuria, corripienda avaritia: quid horum raptim potest fieri? Quis medicus aegros in transitu curat? Quid quod ne voluptatem quidem ullam habet talis verborum sine dilectu ruentium strepitus?

(3) Betrachte es daher so, dass diese reißend schnelle und überreichliche Redegewalt geeigneter ist für einen Marktschreier als für denjenigen, der einen bedeutenden und ernsthaften Sachverhalt verfolgt und auch unterrichtet. Ich will ebenso wenig, dass jener Tröpfchen fallen lässt, wie dass er schnell dahineilt; weder soll er die Ohren anstrengen noch überwältigen. Denn auch jene Wortkargheit und Kraftlosigkeit hat aus Verdruss über die unterbrechende Schwerfälligkeit einen weniger aufmerksamen Zuhörer zur Folge; trotzdem prägt sich leichter ein, auf was man gespannt ist, als was vorbeifliegt. Mit einem Wort: Menschen sollen ihre Lehrsätze an die Schüler weitergeben: was wie im Flug enteilt, wird nicht weitergegeben.

(4) Denk dir nun noch, dass eine Rede, welche sich um Wahrhaftigkeit bemüht, einfach und ehrlich sein muss: diese demagogische [Rede] hat nichts Aufrichtiges an sich. Sie will die Menge begeistern und unbedachtsame Zuhörer mit Schwung an sich reißen, sie lässt keine Erörterung zu, fliegend enteilt sie: wie kann diejenige aber leiten, die [selbst] nicht geleitet werden kann? Was [aber], wenn eine solche Rede, die zum Heilen der Gemüter angewendet wird, in uns eindringen muss? Arzneien helfen nur, wenn sie Zeit zum Wirken haben.

(5) Überdies besitzt sie viel an Gehaltlosigkeit und Schein; mehr lässt sie ertönen, als sie etwas bewirkt. Es muss besänftigt werden, was mich aufscheucht, beschwichtigt, was mich zum Zorn reizt, abgeschüttelt, was mich hintergeht; Zügellosigkeit muss verhindert, Habsucht getadelt werden: was davon kann in hastiger Eile bewirkt werden? Welcher Arzt heilt im Vorübergehen? Was [aber], wenn ein derartiges Getöse von wahllos herabstürzenden Worten nicht einmal irgendein Vergnügen bereitet?

(6) Sed ut pleraque quae fieri posse non crederes cognovisse satis est, ita istos qui verba exercuerunt abunde est semel audisse. Quid enim quis discere, quid imitari velit? Quid de eorum animo iudicet quorum oratio perturbata et immissa est nec potest reprimi?

(7) Quemadmodum per proclive currentium non ubi visum est gradus sistitur, sed incitato corporis ponderi servit ac longius quam voluit effertur, sic ista dicendi celeritas nec in sua potestate est nec satis decora philosophiae, quae ponere debet verba, non proicere, et pedetemptim procedere.

(8) 'Quid ergo? Non aliquando et insurget?' Quidni? Sed salva dignitate morum, quam violenta ista et nimia vis exuit. Habeat vires magnas, moderatas tamen; perennis sit unda, non torrens. Vix oratori permiserim talem dicendi velocitatem inrevocabilem ac sine lege vadentem: quemadmodum enim iudex subsequi poterit aliquando etiam imperitus et rudis? Tum quoque, cum illum aut ostentatio abstulerit aut affectus impotens sui, tantum festinet atque ingerat quantum aures pati possunt.

(6) Aber wie es genügt, das meiste, was man nicht für möglich halten würde, geprüft zu haben, so ist es mehr als genug, solche, die sich in bloßem Gerede übten, einmal gehört zu haben. Denn was könnte irgendeiner lernen, was nachahmen wollen? Wie beurteilt man wohl die Denkart von denen, deren Rede wirr und aufhetzend ist und auch nicht beschwichtigen kann?

(7) So wie bei bergab Laufenden der Schritt nicht zum Stillstand gebracht wird, wo es beabsichtigt war, sondern sich nach der in Bewegung gesetzten Körpermasse richtet und er weiter hinausgetragen wird, als er wollte, so hat sich eine solche Eile beim Reden weder in der Gewalt noch ist sie recht passend für die Philosophie, die ihre Worte anführen, nicht hinwerfen, und Schritt für Schritt vorgehen soll.

(8) „Was also? Drängt sie sich nicht auch manchmal auf?" Warum nicht? Aber mit einem gesunden, sittlichen Anstand, den ein solcher ungestümer und übertriebener Nachdruck abgelegt hat. Sie soll große, gleichwohl im Zaum gehaltene Stärke besitzen; ein steter Strom soll sie sein, kein Sturzbach. Kaum wohl erlaube ich einem Redner, mit einer derartigen, unaufhaltbaren und rasch ohne Regel dahinschreitenden Geschwindigkeit zu sprechen: wie wird nun aber ein Richter, obendrein unerfahren und nicht ausgebildet, jemals folgen können? Auch dann, wenn jenen die zur Schau getragene Wildheit oder seine eigene zügellose Leidenschaft fortreißt, sollte er sich nur so weit sputen und so viel ausstoßen, wie die Ohren ertragen können.

(9) Recte ergo facies si non audieris istos qui quantum dicant, non quemadmodum quaerunt, et ipse malueris, si necesse est, +velut+ P. Vinicium dicere. [...] Cum quaereretur quomodo P. Vinicius diceret, Asellius ait 'tractim'. Nam Geminus Varius ait: 'Quomodo istum disertum dicatis nescio: tria verba non potest iungere.' Quidni malis tu sic dicere quomodo Vinicius?

(10) Aliquis tam insulsus intervenerit quam qui illi singula verba vellenti, tamquam dictaret, non diceret, ait: 'Dic, +numquam dicas+?' Nam Q. Hateri cursum, suis temporibus oratoris celeberrimi, longe abesse ab homine sano volo: numquam dubitavit, numquam intermisit; semel incipiebat, semel desinebat.

(11) Quaedam tamen et nationibus puto magis aut minus convenire. In Graecis hanc licentiam tuleris: nos etiam cum scribimus interpungere assuevimus. Cicero quoque noster, a quo Romana eloquentia exsiluit, gradarius fuit. Romanus sermo magis se circumspicit et aestimat praebetque aestimandum.

(12) Fabianus, vir egregius et vita et scientia et, quod post ista est, eloquentia quoque, disputabat expedite magis quam concitate, ut posses dicere facilitatem esse illam, non celeritatem. Hanc ego in viro sapiente recipio, non exigo ut oratio eius sine impedimento exeat, proferatur tamen malo quam profluat.

(9) Du wirst also recht tun, wenn du nicht auf jene hören wirst, die zu ergründen suchen, wie viel sie reden können, nicht auf welche Weise, und es nötigenfalls persönlich vorziehen, wie beispielsweise P. Vinicius zu reden. [...] Als gefragt wurde, wie P. Vinicius reden würde, behauptete Asellius: „lang gezogen". Tatsächlich sagte Geminus Varius: „Ich verstehe nicht, wie ihr einen solchen redegewandt nennen könnt: er kann keine drei Worte hintereinander herausbringen." Warum solltest du nicht lieber so wie Vinicius reden?

(10) So steht dem vielleicht irgendein geistloser Mensch entgegen, wie derjenige, der zu ihm sagte (weil er jedes Wort einzeln ausrupfte, als ob er diktiert, nicht gesprochen hätte): „Sag, redest du womöglich niemals?" Freilich halte ich es für wünschenswerter, dass sich der Redestrom des Q. Haterius, eines in seiner Zeit bekannten Redners, von einem vernünftigen Menschen weit entfernt hält: niemals hat er sich besonnen, niemals unterbrochen; begann er einmal zu reden, hörte er [auch] einmal [nur] auf.

(11) Doch ich denke, dass dasselbe mehr oder weniger auch auf Völker zutrifft. Bei den heutigen Griechen mag man diese Ungebundenheit hinnehmen: wir haben uns sogar angewöhnt, immer wenn wir schreiben, einen Punkt zwischen zwei Wörtern zu setzen. Auch unser Cicero, mit dem die römische Redegewandtheit emportrat, ist Schritt für Schritt vorgegangen. Die römische Redeweise achtet mehr auf sich selbst, [und] bewertet und erlaubt zu bewerten.

(12) Fabianus, ein außergewöhnlicher Mann sowohl in der Lebensart als auch in der Wissenschaft, und, was hinter diesen zurücksteht, in der Redekunst, hielt einen Vortrag mehr frei als hastig, so dass man sagen kann, dass sie auf Gewandtheit beruhte, nicht auf Schnelligkeit. Ich billige diese bei einem weisen Mann, [und] ich verlange nicht, dass seine Rede ohne Schwierigkeit abläuft, gleichwohl ist mir lieber, dass sie ausgedehnt wird als dass sie hervorsprudelt.

(13) Eo autem magis te deterreo ab isto morbo quod non potest tibi ista res contingere aliter quam si te pudere desierit: perfrices frontem oportet et te ipse non audias; multa enim inobservatus ille cursus feret quae reprendere velis.

(14) Non potest, inquam, tibi contingere res ista salva verecundia. Praeterea exercitatione opus est cotidiana et a rebus studium transferendum est ad verba. Haec autem etiam si aderunt et poterunt sine ullo tuo labore decurrere, tamen temperanda sunt; nam quemadmodum sapienti viro incessus modestior convenit, ita oratio pressa, non audax. Summa ergo summarum haec erit: tardilocum esse te iubeo. Vale.

(13) Umso mehr aber halte ich dich von dieser Leidenschaft fern, weil dir diese Sache nicht anderes glücken kann, als wenn du aufhörst, dich zu schämen: du musst dir tüchtig die Stirn reiben und nicht auf dich selbst hören; vieles, das du zu kritisieren wünschtest, wird nämlich jener unreflektierte Redestrom mit sich bringen.

(14) Unmöglich, habe ich gesagt, wird dir diese Sache mit gesunder Scheu gelingen. Überdies benötigt man tägliche Übung, und die wissenschaftliche Beschäftigung muss von den Dingen auf die Worte gelenkt werden. Diese müssen jedoch, wenn überhaupt, maßvoll verwendet werden, selbst wenn sie zu Gebote stehen und ohne jede Mühe deinerseits dahingleiten könnten; denn wie sich für den philosophisch gebildeten Mann ein gemesseneres Einherschreiten ziemt, so auch eine gemäßigte, [und] nicht ungestüme Sprechweise. Das Ergebnis von alledem wird sein: ich fordere dich auf, langsam zu reden. Lebe wohl.

Liber IV – Epistula XLI

Seneca Lucilio suo Salutem,

(1) Facis rem optimam et tibi salutarem si, ut scribis, perseveras ire ad bonam mentem, quam stultum est optare cum possis a te impetrare. Non sunt ad caelum elevandae manus nec exorandus aedituus ut nos ad aurem simulacri, quasi magis exaudiri possimus, admittat: prope est a te deus, tecum est, intus est.

(2) Ita dico, Lucili: sacer intra nos spiritus sedet, malorum bonorumque nostrorum observator et custos; hic prout a nobis tractatus est, ita nos ipse tractat. Bonus vero vir sine deo nemo est: an potest aliquis supra fortunam nisi ab illo adiutus exsurgere? Ille dat consilia magnifica et erecta. In unoquoque virorum bonorum *[quis deus incertum est] habitat deus.*

Buch 4 – Brief 41

Seneca grüßt seinen Lucilius,

(1) Du betreibst eine sehr ehrbare und dir zuträgliche Sache, wenn du, wie du schreibst, fortfährst, hin zu einer tüchtigen Denkart fortzuschreiten, die zu wünschen töricht ist, weil du sie von dir selbst aus erlangen kannst. Wir müssen die Hände nicht zum Himmel erheben und auch nicht einen Tempelaufseher anflehen, damit er uns – als ob wir im höheren Grade erhört werden könnten – zum Ohr des Götzenbildes vorlässt: unweit von dir existiert ein Gott, er ist mit dir, er ist in dir.

(2) Daher behaupte ich, Lucilius: ein geweihter Geist steckt in uns, ein Beobachter und Wächter unserer Fehler und Tugenden; in dem Maße dieser von uns berührt wurde, so berührt er gleichfalls uns. Ohne einen Gott ist tatsächlich niemand ein guter Mensch; oder kann sich etwa irgendjemand, wenn nicht von ihm unterstützt, über das Schicksal hinaus erheben? Er erteilt glänzende und mutige Ratschläge. In jedem einzelnen der guten Menschen *wohnt ein Gott – welcher Gott, ist ungewiss.*

(3) Si tibi occurrerit vetustis arboribus et solitam altitudinem egressis frequens lucus et conspectum caeli <densitate> ramorum aliorum alios protegentium summovens, illa proceritas silvae et secretum loci et admiratio umbrae in aperto tam densae atque continuae fidem tibi numinis faciet. Si quis specus saxis penitus exesis montem suspenderit, non manu factus, sed naturalibus causis in tantam laxitatem excavatus, animum tuum quadam religionis suspicione percutiet. Magnorum fluminum capita veneramur; subita ex abdito vasti amnis eruptio aras habet; coluntur aquarum calentium fontes, et stagna quaedam vel opacitas vel immensa altitudo sacravit.

(4) Si hominem videris interritum periculis, intactum cupiditatibus, inter adversa felicem, in mediis tempestatibus placidum, ex superiore loco homines videntem, ex aequo deos, non subibit te veneratio eius? Non dices: 'Ista res maior est altiorque quam ut credi similis huic in quo est corpusculo possit?'

(3) Wenn dir ein mit alten und ungewöhnlich hoch gewachsenen Bäumen voll gedrängter Hain ins Auge tritt, der durch die dichte Masse der einander gegenseitig bedeckenden Zweige sogar die Sicht auf den Himmel verwehrt, wird jener hohe Wuchs des Gehölzes, das Geheimnisvolle des Ortes und das Erstaunen über den so dichten und zusammenhängenden Schutz im Freien den Glauben an ein göttliches Wirken bei dir hervorrufen. Wenn etwa eine Grotte, nachdem sie den Fels bis ins Innerste vertilgt hat, das Berggestein schweben lässt, [eine Grotte] nicht von Menschenhand geschaffen, sondern durch natürliche Ursachen in so großer Weite ausgehöhlt, wird sie dein Herz mit einer Ahnung des Göttlichen geradezu erschüttern. Wir verehren die Ursprünge der großen Ströme; das plötzliche Herausstürzen eines gewaltigen Stroms aus der Verborgenheit zieht Altäre nach sich; Quellen mit wärmenden Wasser halten wir heilig, und manchen Seen hat entweder ihre schattengleiche Trübung oder ihre unermessliche Tiefe Ehrwürdigkeit verliehen.

(4) Wenn du einen Mann erblickst, furchtlos bei Gefahren, frei von Begierden, glücklich im Unglück, ruhig inmitten von Stürmen, von einer Anhöhe herab die Menschen wahrnehmend, auf gleicher Ebene die Götter, wird nicht Ehrfurcht dich beschleichen? Wirst du nicht sagen: „Diese Erscheinung ist bedeutender und erhabener, als dass man glauben könnte, sie sei der in irgendeinem zarten Körperchen ähnlich?

(5) Vis isto divina descendit; animum excellentem, moderatum, omnia tamquam minora transeuntem, quidquid timemus optamusque ridentem, caelestis potentia agitat. Non potest res tanta sine adminiculo numinis stare; itaque maiore sui parte illic est unde descendit. Quemadmodum radii solis contingunt quidem terram sed ibi sunt unde mittuntur, sic animus magnus ac sacer et in hoc demissus, ut propius divina nossemus, conversatur quidem nobiscum sed haeret origini suae; illinc pendet, illuc spectat ac nititur, nostris tamquam melior interest.

(6) Quis est ergo hic animus? Qui nullo bono nisi suo nitet. Quid enim est stultius quam in homine aliena laudare? Quid eo dementius qui ea miratur quae ad alium transferri protinus possunt? Non faciunt meliorem equum aurei freni. Aliter leo aurata iuba mittitur, dum contractatur et ad patientiam recipiendi ornamenti cogitur fatigatus, aliter incultus, integri spiritus: hic scilicet impetu acer, qualem illum natura esse voluit, speciosus ex horrido, cuius hic decor est, non sine timore aspici, praefertur illi languido et bratteato.

(5) Eine göttliche Kraft hat sich dorthin herabgelassen; den vortrefflichen, den besonnenen Geist, der alles Unbedeutende gleichsam überschreitet, der alles, was wir fürchten und wünschen, belächelt, treibt die Macht eines Gottes umher. Etwas so großes kann sich nicht ohne Beistand des Göttlichen behaupten; daher befindet er sich mit dem größeren Teil seiner selbst dort, von wo er sich herabließ. So wie die Sonnenstrahlen zwar die Erde berühren, aber dort existieren, von wo aus sie entsendet werden, so hat zwar der Geist – groß und ehrwürdig und dazu herabgeschickt, dass wir die göttlichen Geheimnisse näher kennenlernen – Umgang mit uns, er verbleibt jedoch in seinem Ursprung; von dort schwebt er herbei, dorthin schaut und [dorthin] strebt er, an dem Unsrigen nimmt er Anteil gleichwie von höherer Geburt.

(6) Wer ist also dieser Geist? Einer, der kein Gut anstrebt außer das ihm eigene. Was nämlich ist törichter, als fremdes Gut an einem Menschen zu loben? Was umso verrückter einer, der das bewundert, was geradewegs auf einen anderen übertragen werden kann? Goldenes Zaumzeug macht Pferde nicht tüchtiger. Ein Löwe mit vergoldeter Mähne wird auf die eine Weise [in die Arena] hinausgeschickt – mürbe gemacht, indem er gestreichelt und zur geduldigen Annahme des schmückenden Beiwerks gezwungen wird –, auf eine andere Weise ein schmuckloser [Löwe], von unverletztem Stolz: feurig im Angriff, wie ihn die Natur haben wollte, prächtig aufgrund der Wildheit, dessen Zierde darin besteht, nicht ohne Schrecken erblickt zu werden, wird dieser selbstverständlich jenem schlaffen und nur äußerlich schimmernden vorgezogen.

(7) Nemo gloriari nisi suo debet. Vitem laudamus si fructu palmites onerat, si ipsa pondere [ad terram] eorum quae tulit adminicula deducit: num quis huic illam praeferret vitem cui aureae uvae, aurea folia dependent? Propria virtus est in vite fertilitas; in homine quoque id laudandum est quod ipsius est. Familiam formonsam habet et domum pulchram, multum serit, multum fenerat: nihil horum in ipso est sed circa ipsum.

(8) Lauda in illo quod nec eripi potest nec dari, quod proprium hominis est. Quaeris quid sit? Animus et ratio in animo perfecta. Rationale enim animal est homo; consummatur itaque bonum eius, si id implevit cui nascitur. Quid est autem quod ab illo ratio haec exigat? Rem facillimam, secundum naturam suam vivere. Sed hanc difficilem facit communis insania: in vitia alter alterum trudimus. Quomodo autem revocari ad salutem possunt quos nemo retinet, populus impellit? Vale.

———

(7) Außer für das ihm Eigene darf niemand sich rühmen. Wir loben den Weinstock, wenn er die Ranken mit Früchten belädt, wenn er aufgrund der Masse derer, die er dargebracht hat, sogar die Stützen herabdrückt: würde etwa jemand den berühmten Weinstock, an dem goldene Trauben, goldene Blätter herabhängen, diesem vorziehen? Bei einem Weinstock besteht der wesenseigene Wert in seiner Fruchtbarkeit; auch bei einem Menschen muss das gelobt werden, was ihm eigen ist. Er besitzt eine ansehnliche Dienerschaft, ein schönes Haus, viel pflanzt er an, viel leiht er gegen Zinsen aus: nichts davon befindet sich in ihm selbst, sondern um ihn herum.

(8) Lobe an ihm, was weder entrissen noch überlassen werden kann, was das individuelle Wesensmerkmal eines Menschen ist. Du fragst, was das sei? Der Verstand und die Vernunft, die durch den Verstand erlangt wurde. Der Mensch ist nämlich ein vernunftbegabtes Wesen; seine Begabung wird daher zur höchsten Vollendung gebracht, wenn er das erfüllt hat, zu dem er geboren wird. Was ist es jedoch, das diese Vernunft von jenem fordert? Eine äußerst einfache Sache: in Übereinstimmung mit seiner Natur zu leben. Die allgemeine Unvernunft macht dies aber schwierig: wir drängen einander zu Verfehlungen. Wie kann man jedoch diejenigen zu ihrem Heil zurückführen, die niemand in Schranken hält, diejenigen, die das Volk verleitet? Lebe wohl.